你知道吗？

孩子的成长是有规律的。

希望这本书能帮你

真正了解自己的孩子。

全球阶梯教养圣经

Your One-Year-Old

你的 1 岁孩子

[美] 路易丝·埃姆斯
[美] 弗兰西斯·伊尔克   著
[美] 卡罗尔·哈柏

崔运帷 | 译

北京联合出版公司
Beijing United Publishing Co.,Ltd.

目 录

contents

1
Chapter

从开心果到淘气包——
迎接宝宝的一岁

> 当孩子长到十二个月大的时候，他们显得娇娇嫩嫩的，喜欢往人群里凑，十分乖巧，虽然很吵闹，但样子非常惹人爱怜。在这一年里，家长们只要耐心地给予他们关爱，不但可以准确地掌握他们的习性，而且可以使他们身体健康，个性随和。

2 Chapter 可爱又难缠——
一岁孩子的身心发展特质

很多妈妈在孩子一岁时就抱着很高的期望，甚至干始对他进行各种技能和思维的训练。其实，科学实验证明，孩子在一岁半前行为和智力水平基本上和猩猩一样，太早训练并没有益处。了解他这一阶段的身心发展特质，才能有的放矢地制定教养方法。

3 Chapter

一岁半前上亲子班等于白上——
一岁孩子的能力表现

> 在本章我们仔细谈谈一岁至两岁孩子能力方面的表现。我们重点探讨一下"一岁半"这个年龄段，因为这个时期具有一定的特殊性，它介于一岁和两岁中间，是这一年中孩子最顽皮，也是我们了解得最少的一个阶段。

孩子再冷漠，妈妈也不要难过——
人际关系能力表现

Chapter 4

从一岁开始，孩子会经历一段只关注自己、不在意别人、对周围的人或事很冷漠、以自我为中心的时期，哪怕是最亲密的家人，他也会强烈地排斥。会大声宣告"不要"。在这个时候，家长往往很难过，尤其是和他们向来很亲近的爷爷奶奶。其实，这只是孩子成长过程中的一个必然阶段而已，不必失落。

小习惯，大健康——
父母必须注意的教养习惯

Chapter

很多家长从孩子一岁开始，就会训练孩子好的生活习惯，比如按时睡觉、按时吃饭、自己大小便……其实，训练一岁孩子这些日常活动是非常讲技巧的，聪明的妈妈能够掌握最好的训练时机，培养孩子一生受益的好习惯，比如，不挑食。而人一生的安全感也取决于这一年龄阶段。

6 Chapter
时时处处细心看护——
与一岁孩子相处的技巧

如果说和一岁孩子相处有什么最佳技巧的话，那一定是顺从和迎合。虽然一岁孩子的思维和行为完全没有发育成熟，但正是因为这种状况，他们对一切都无能为力，会把父母当成依靠。作为孩子最亲密的家长，只有顺从他，迎合他的需求，才能养成他们对事物和人的安全感。

一眼就看透——
一岁孩子的心智能力

很多妈妈从孩子一岁就开始关注他智力的发展，真实，在这个年龄阶段，孩子并没有特别突出的心智表现，他们的所有需求都是通过自己的行为——爬行、微笑、哭闹……表现出来的。可以说，这个阶段的孩子在心智上是一眼就能看透的。

因材施教——
体形、健康、性别
影响孩子的教养

> 很多妈妈都希望有放之四海皆准的教养方法，但每个孩子都是不同的，因而因材施教显得特别重要。因材施教并不是要从上学时开始，而是要从婴幼儿时开始；因材施教不仅要根据孩子的不同性格采取不同的教养方法，而且要详细分析孩子的体形、健康、性别，然后区别教养。本章就是不同科学家给家长们提供的不同的因材施教方法。

你是否也遇到过这些麻烦？
——源自妈妈们的真实故事

> 　　孩子们在成长过程中会表现出一定的规律和特点，很多孩子会在同一时间出现同样的让妈妈们棘手的问题。为了帮助妈妈们解决这些问题，我们特意挑选了一些有代表性的读者来信进行分析，希望对读者有用。

附录

给父母一份关于孩子的成长地图

"孩子在不同的年龄，会有着怎样的发展和行为呢？"

给这个问题提供标准和规范，可能会让你觉得心里很踏实，也可能会引起你的忧虑不安。即便如此，我们还是觉得，对于大多数父母而言，了解孩子在某个年龄阶段的特点，可以减少在教育孩子过程中的盲目性。特别是当孩子遇到困难和麻烦的时候，如果父母知道这不是你孩子的个别行为，而是这个年龄阶段孩子拥有的暂时现象，那心里就会踏实很多。

早在四一多年前，格塞尔人类发展研究所就成立了。在阿诺·格塞尔博士的指导下，我们在耶鲁大学开发了一个新的研究课题，即探讨不同时期儿童行为的发展特点及规律。我们对数以千计的小男孩和小女孩进行了观察与研究，每一项研究结果都让我们所有人相信一点，那就是人类行为的发展是有章可循的。因此，我们能准确地预测出你的孩子在成长的不同阶段，在动作、语言、社会行为和情绪发展等各个方面，会有怎样的表现和特点。也可以这样说，我们能够对百分之八十的孩子，在个人发展过程中将面对的问题进行正确的预测。

我们都知道，每个孩子都是唯一的，没有一个孩子能够代表所有的孩子，即便是双胞胎，也会在某些方面存在着一定的差异。与此有关的话题，我们会在本书的第九章展开论述。

因此，当你看到"四岁的孩子狂野而美妙，五岁的孩子开朗而愉悦，到了六岁就又不同"时，千万别以为，所有的孩子在那个年龄段"都会"或者"应该"是那个样子。

有些孩子发展很快，有的则步伐有点慢。当然，还有一大部分孩子的发展经历会和我们描述的大同小异。除了孩子在发展速度上有快慢之别外，其稳定性也会因人而异。有些小孩在每个阶段都能很好地适应，而有些孩子则出现了好多的问题，也给父母带来很多烦恼。

经过研究发现，有些孩子各方面均衡发展，不管是动作、学习还是语言方面，都呈现出一致性的特点。有些孩子可能各个方面都慢一点，也可能各个方面都快一点，或者各个方面的发展速度不快也不慢。也有一些小孩属于混合型发展，比如语言能力发展超前，而动作能力却发展得比较缓慢。

在这本书里，我们会对孩子在各个阶段的发展特征进行描述。为了避免让读者产生困惑或某些担心，我们再次重申：我们在书中所描述的孩子在不同年龄阶段的发展特征，具有一般性、概括性，是我们对数以千计的孩子进行观察和研究之后，所归纳出来的一般性结论。说得再形象一些，这本书就如同一张地图，只是你出行的参考。我们只是告诉了你距离的远近以及这个城市的情形，但却不知道你会有怎样的具体游览过程。也许你步履匆匆，走马观花；也或许你闲庭信步，心情悠然；也没准错过了美景而转身往回走。这些都不是地图能够左右的，它只是告诉你地理位置，而不能决定你的路该怎么走。

事实上，有很多的父母感觉我们的"儿童行为发展图"作用很大，对自己很有帮助。如果你赞同我们的观点，你也可以参考我们提供的图，可能你也会从中得到帮助。不过，你千万不要用书中的一般情形和你孩子的发展情形去做比较，以免对孩子或我们的研究成果进行不当的评价，进而产生教育上的误区。

"你的孩子是独一无二的。"请一定要记住这一点。我们希望这本书可以帮助你更加了解孩子，从而理解并欣赏孩子的行为。

众里寻他千百度

每一个做了父母的人，都希望自己能够做一个对孩子成长负责任的好爸爸或好妈妈，我也不例外。当儿子的生命还蠕动于我的体内时，幸福的同时伴随着我的决心——一定要做一个好妈妈！

孩子出生了，他躺在我的怀里，吸吮着我体内流淌的乳汁，明亮清澈的大眼睛和我对视着，充满了对我的信任和爱，而此时，我却感到了一阵恐慌——我该如何去爱上天赐予我的这个宝贝？我懂得要给他吃母乳、要保护他的安全、要尽我所能地给予他最好的教育……但是，我不懂得在他每一个成长阶段，会出现怎样的心理发展过程，这些心理发展会让他呈现出怎样的行为，我又该如何去帮助他完成这些发展过程。比如，他现在才三个月大，他的精神需要是什么？我是否应该让他吃手指？在他六个月大的时候，他会出现怎样的行为？他四岁的时候如果与小朋友打架，我该怎么来处理……我感觉到做一个好妈妈有些力不从心！

随着孩子一天天长大，他真的开始吃手指头了；他去幼儿园的第一周就和小朋友打架了，脸上还被抓出了血痕；他开始追着我和先生的屁股不停地问问题，这个世界有太多他不明白的东西；他拿起剪刀把自己的头发剪成了朋克状；他在幼儿园为了不把大便解在裤子里而憋上一天，我们不明白他为何不去洗手间；他开始说"屁股""臭大便"，反复地说，我们越是阻止他说得越开心；他开始邀请幼儿园的小朋友到家里来做客，而且没有经过我们的同意就带小朋友回家了；他开始对文字感兴趣，家里的任何一本书以及大街小巷的每一个门牌和挂着的标语，他都要求我们认真地读给他听……

因为不懂得孩子，所以我们会犯下很多的错误。比如，当他的脸被小朋友抓出小小的血痕时，我告诉他："如果谁再靠近你，你就还击他！"当天，老师给我们的反馈是：

"你的孩子怎么了，小朋友才靠近他，他就出手抓人家的脸，他以前不这样啊！"我立即意识到自己的教育是有问题的，但问题在哪里，我却不知道。

当我发现自己存在问题后，我开始学习教育孩子的方法，于是到书店里去买书看。然而，十七年前的书店里，教育孩子的书种类非常稀少，唐诗和宋词外加名人教子语录，这些书籍无法帮助我理解孩子的成长规律，也无法让我学习到正确的应对方式，于是，我仍然在黑暗中摸索着孩子的成长规律。

在孩子十三岁的时候，我才接触到了教育的核心，才开始明白教育的本质是帮助孩子完成每个年龄阶段生命发展的任务，可是，我的孩子已经十五岁了！他成长中最重要的时期被我错过了，那种因为错过而心痛的感觉让我在许多夜晚不能成眠，我们和孩子都无法重新来过，我们再也回不到从前了！现在，孩子已经二十岁，即将离开我们远赴英国上大学。好在从我明白错过的那一刻起，我没有再错过孩子的成长。这五年是我弥补自己缺失的五年，感谢上天给了我这五年的时间！

有了陪伴孩子成长的经历，有了我对教育的研究和感悟，我觉得自己有责任为年轻的父母们做点什么，让他们不再重蹈我们的错过。这些年来，我不断地接触、体验和思考新兴的教育理念和方法，寻找能够给父母们带来更好帮助的书籍。但是，一直没有这样的书入我的眼，直到玉冰把这个宝贝带到我的面前，这套书让我眼前一亮——这不正是我多年来苦苦寻找而不得的宝贝吗？！

这是一套研究 1~14 岁孩子发展规律的书，一群严谨的学者用了四十年的时间来研究每一个年龄阶段孩子的发展规律，并给父母提出了具体的建议和应对方法。虽然我国也有很多研究教育的机构，但是，我们缺乏对各个年龄阶段孩子科学严谨并能够持续四十年之久的研究。这套书能够弥补我们的缺陷，给我们的研究和父母养育孩子提供非常大的帮助。

虽然东西方存在着文化上的差异，但是，在人类这个物种成长和发展的规律上，存在的差异不会太大。比如，无论是西方还是东方，孩子们都需要在妈妈肚子里怀胎十月才出生，一出生就能够吸吮，出牙的年龄都在 4~6 个月，都会在一岁左右走路，都能够解读成人的表情，都会在同一个年龄阶段出现相应的敏感期……无论是东方还是西方的父母，都希望在了解孩子发展规律的基础上来帮助孩子成长，都希望孩子具备善良、有责任感和自律等优秀的人格品质，都需要具备帮助孩子建构健康人格的能力，由此，我相信这套书能够帮助到中国的父母们。

假如，在我的孩子刚出生时，我就能够看到这套书，我就有信心做一个好妈妈。因为，我会了解孩子在当下的生命发展过程中会出现怎样的行为，我该给予孩子怎样的帮助，才能让他顺利地完成这个阶段的发展任务；同时，我还会预见孩子在未来每一个年龄阶段生命发展的方向，我会提前做好相应的心理和物质准备。虽然，对于我来说这一切都只能成为一个"假如"，但对于孩子在成长阶段的读者来说，这是真实可行的！

胡萍

2012 年 4 月 26 日于深圳

编者注：胡萍，中国儿童性教育的先驱。2001 年开始研究儿童性健康教育和儿童性心理发展。2004 年开始在全国 50 多个城市开展性健康教育父母课程，并多次与中央电视台、新浪网等合作录制儿童性健康教育节目，其代表作有《善解童贞》《成长与性》《儿童性教育教师用书》等。

在这里寻找答案

"教育是一门科学，不能仅凭经验。"这是我回国后一直倡导的教育价值观。

2002 年，我从德国慕尼黑大学毕业后回到国内开始从事教育工作，将近十年的工作中，我感到最大的困扰就是父母宁愿相信经验，而不求证于科学；父母宁愿拿自己的孩子和周围孩子相比，也没有办法用科学的方式评价自己孩子成长得是否合适。

印象最深的是每次都有父母非常焦虑孩子的正常现象。比如说"多动"。在他们的眼中，如果一个四五岁的孩子无法专心做事 30 分钟就是多动症，就需要看病吃药，就会导致学业问题。每次当我耐心地向他们解答每个年龄段不同的正常现象，持续多长时间就是在正常范围内时才能减轻他们的担心。比如父母们不明白为什么三四岁的孩子喜欢拿着东西就往地上扔，喜欢强调"我"。

只有当父母知道什么是"正常"，才能真正理解孩子的行为，也才能给予正确的引导。

所以，我特别希望有一套介绍个体发展基本规律的书籍，帮助父母认识到个体发展规律，帮助他们判断孩子行为的"正常"和理解孩子行为背后的原因。

相比较个人发展和心理认知专业书籍的晦涩，《你的 N 岁孩子》系列更加生动，语言容易理解。在这套书中，读者看到的是一群同年龄的孩子，他们的生活跃然纸上。在这里，你一定会找到自己家里的那个宝贝，也能更加走进他们的内心。

兰海

编者注：兰海，上濒教育机构创始人，毕业于德国慕尼黑大学教育心理学专业。研究方向：创造力发展、青少年成长、教育规划、亲子关系。兰海先后在慕尼黑大学获得心理学、教育学和社会学三个学位，在九年的教育实践工作中，对国际、国内的教育状况有非常深入的了解和研究。目前，兰海是中央电视台少儿频道《成长在线》栏目特邀专家，《父母世界》杂志特邀专家。著有《嘿，我知道你》《孩子需要什么》等书。2009 年，《中国教育报》专题人物报道：《教育是科学，不能仅凭经验》；2011 年 4 月，CCTV10《人物》栏目专访：《带孩子寻找快乐的老师——兰海》。

在帮助孩子的同时懂得孩子

我要郑重地向所有的家长推荐这套书，因为这是迄今为止我看到的对家长育儿最有帮助的书；我也要郑重地向老师们推荐这本书，因为有了这本书，忙碌的老师们就再也不用为发展心理学中那些生涩的字词而头痛了。妈妈和老师不想成为理论研究者，他们只想在帮助孩子的同时懂得孩子。他们只想知道一个两岁的孩子眼皮都不抬地乱扔东西是否正常；他们只想知道当孩子乱扔东西时，他们该怎样帮助孩子。

当有一本书说"孩子感知运动时期第八循环第一阶段，其生物功能如何被环境改变，这一改变来自怎样的图示过程"时，家长和老师们真的就被吓住了，他们会带着可怜的、自信心受到打击的神情对你说："我学不会，我不懂，我做不到。"

假设你是那个作者，当一个老师或一个家长这样对你说时，你会绝望吗？你会觉得他们不适合做父母和老师吗？这时，请你看看这套书，看看它是用怎样的关怀向想要了解孩子的人讲述孩子，又是用怎样朴实贴切的招数在帮助它的读者。看了这套书，你会知道，这套书是有鲜活灵魂的；当你面对它时，你会自然轻松地用心灵与它沟通。

我要说：朋友们，请打开这套书吧，不管你是妈妈还是爸爸，不管你是老师还是教育家，请打开这套书吧！

李跃儿

编者注：李跃儿，中国著名儿童教育专家，中国芭学园创始人，曾为《父母》杂志教育答疑专家、央视少儿频道签约专家。畅销书《谁拿走了孩子的幸福》系列的作者。2004 年荣获第三届中国国际家庭教育论坛"华表奖"和"形象大使"称号。2006 年荣获"2006年中国幼儿教育百优十杰"（第一名）称号。2009 年荣获"2009年中国民办幼儿教育十大杰出人物"称号。2012 年荣获"中国教育行业木兰奖"。

特别科学，特别爱

回想一下你的孩子出生时的场景，你痛苦而忐忑地躺在手术台上，将自己和尚未谋面的孩子托付给医生。这时，如果医生走过来对你说："对于接生，我实在没有受过什么训练，但我很爱我的病人，我会用常识为你接生的。"你听了这些会做何感想？恐怕会焦虑至极、惊恐不安，马上要求换一个医生吧？

你的孩子和你处在同样的境地，如果你也像很多父母一样，认为爱和常识就足以教育好子女的话。你的孩子，尤其是学龄前孩子，将自己的生活和未来完全托付给作为父母的你，他们需要的，不仅仅是爱和常识，而是像医生一样的专业以及能够成为一个好爸爸、好妈妈的特别技能。

怎样才能拥有或者培养出这样的专业和特别技能呢？

了解你的孩子恐怕是身为父母的你要做的第一步。为了了解孩子，了解他每一步的成长，美国格塞尔人类发展研究所在耶鲁大学对数以千计的孩子进行了观察和研究。他们不仅观察孩子们每年的身心发展特质、观察他们的心智等各方面能力和人际关系表现，也总结他们这一阶段的成长规律。同时，他们还列举了很多同一年龄阶段孩子的典型表现供父母们参考。他们将所有这些都收录进了他们的研究成果——《你的 N 岁孩子》系列图书中。就像作者在序言里面所说的一样，这套书为父母提供了一张儿童发展的地图，所以，想了解孩子的父母们有福了！

但了解并不等于专业，在了解的基础上有技巧地应对才是专业好爸爸、好妈妈的作为。身为父母的你可以将这套书作为参考，每本书都为你提供了和不同年龄阶段孩子相处的技巧，提供了教养建议并为父母头疼的问题提供解决方案，这些都是专家四十多年研究的成果，相信对你会有很大的帮助。

除此以外，你还可以从这套书中取得别的书所不能给你的最难得营养——在建立完美的亲子关系的过程中找到快乐的自己：

你会在孩子遇到困难麻烦的时候想到这不是你孩子的个别行为，而是这个年龄阶段孩子的暂时现象，你不会因此而惴惴不安；

你会在孩子发展异常甚至出现倒退的时候知道这是孩子成长的螺旋规律，需要适时调整自己的教养方法，你不会为此而焦躁难眠；

你不会过早地随大流把自己的孩子送进亲子班，因为你会知道一岁半前孩子的发展和猩猩没有区别，你将节约时间和金钱；

你也不会因为把终日和自己对着干的三岁孩子交给保姆或长辈而自责，你会知道这也是和这个阶段孩子相处的技巧，你将收获心灵的踏实和快乐；

…………

正因为上述所有特点，这套书一经面世便受到了全世界家长的欢迎。中文繁体版由信谊基金出版后在台湾地区持续畅销，内地千万妈妈也翘首以盼，甚至引来了盗名出版。而今，经过北京紫图图书有限公司长期的版权洽谈，这套书的唯一简体本版终于得以和中国妈妈们见面！

为了将这套风行全球的阶梯教养圣经更好地呈现给所有读者，我们对原文进行了精心编辑和制作，根据阅读的需要加入了小标题和检索表，希望能让你的阅读更加畅快。你选择的是紫图旗下少儿及家教品牌——奇迹童书为你精心制作的图书，相信它会给你带来帮助。我们衷心祝愿：你和你的孩子拥有更美好的成长经历！

编者谨识

2013 年 3 月

一岁孩子能力发展及教养简表

	一岁	一岁三个月	一岁半	一岁九个月
整体特质	乖巧的开心果		叛逆的淘气包	
动作、语言等能力	◇开始学步 ◇手变灵巧 ◇会模仿 ◇有表现欲 ◇会简单词语	◇学走路，不要跌倒了就扶 ◇听的能力比说的能力强	◇能行走 ◇喜欢探索 ◇能把指定的东西递给妈妈	◇能够向大人传达自己吃喝拉撒的信息 ◇能够重复别人话中的两到三个字
心智能力	孩子的心智和猩猩没有区别，不要抱太多期望		不会思考，但会用肢体动作和表情传达信息	
人际关系	只关注自己，不在意别人；和妈妈更亲近		喜欢独来独往，冷漠，以自我为中心；喜欢和大人沟通，把别的小朋友当玩具	
睡眠习惯	睡眠时间减少属于正常现象		睡眠质量容易变差，家长需要细心照顾孩子入睡	

	一岁	一岁三个月	一岁半	一岁九个月
饮食习惯	不好好吃饭，喜欢动手抓，可以选择少食多餐		防止挑食的重要时期，给孩子的食物除了要营养均衡还要注意美味	
大小便训练	强迫孩子使用马桶还为时过早		如果孩子能注意到自己的尿布湿了并示意大人更换，可以进行大小便训练，反之则可以再晚一点进行训练	
洗澡穿衣	多数孩子喜欢洗澡，一定要注意安全，不能让他失去安全感		大多数孩子喜欢洗澡，如果孩子害怕洗澡，注意在浴缸里垫上橡胶垫等，增强孩子的安全感	
与孩子相处的技巧	◇孩子哭闹时千万不能不理不睬，可以适时转移孩子的注意力 ◇安排孩子喜欢的活动 ◇布置一个适合孩子的环境，准备他喜欢的图画书和敲打型玩具 ◇安排有弹性的生活起居 ◇偶尔选择在孩子玩得高兴时不辞而别出门办事		◇掌握孩子的性格及其对失败的承受能力 ◇分散孩子的注意力 ◇经常带孩子去户外玩 ◇允许孩子用行为发泄情绪，如吮吸拇指等，因为这是他寻求安全感的一种方式 ◇孩子疲惫前做好准备 ◇用简单直接的语言和他沟通	

Chapter

从开心果到淘气包——
迎接宝宝的一岁

　　当孩子长到十二个月大的时候，他们显得娇娇嫩嫩的，喜欢往人群里凑，十分乖巧，虽然很吵闹，但样子非常惹人爱怜。在这一年里，家长们只要耐心地给予他们关爱，不但可以准确地掌握他们的习性，而且可以使他们身体健康，个性随和。

本阶段孩子的主要表现

过完一周岁生日，你可爱的孩子就满一岁了。这是孩子生命中的第一个生日，对每一个向他付出无限爱意的人来说，这个一周岁的生日有着非同一般的意义。

当孩子长到十二个月大的时候，他们显得娇娇嫩嫩的，喜欢往人群里凑，十分乖巧，虽然很吵闹，但样子非常惹人爱怜。在这一年里，家长们只要耐心地给予他们关爱，不但可以准确地掌握他们的习性，而且可以使他们身体健康，个性随和。

相应地，孩子一岁大的时候，行动起来也颇为有趣。你会发现他们的话特别多，总是问东问西的，而且还一定要你回答才行。反过来，你问他们什么，他们也会积极地回应你。你若是问他们："嘴巴在哪里？"他们会指着自己的嘴巴，骄傲地告诉你："在这里。"他们的探索欲也特别强，整个屋子就像是他们的一个百宝箱，不断地探索着、发现着，每样东西都让他们感到新奇，总想碰一碰、摸一摸。有你陪伴，他会玩得特别开心，当然，他也会极力地讨你欢心。他们渐渐学会了自己进食，虽然常常会把饭菜撒一桌子，但还是坚持要自己来吃。你给他穿衣服，他会配合，但有时又坚持要求自己来系最后一个扣子。

总的来说，这个时候的他们就是大家的一个开心果。大多数家长也因此开始相信，在未来的一年里，他们的语言能力和运动能力会得到极大的发展，生活适应能力也会有很大的提高，照顾他们也会变得轻松起来。

可是，事实真的像我们想象的那样吗？这十二个月的小孩子真的会安安稳稳吗？随着他身体的不断发育，他的能力也会越来越强吗？——事实却不然。

确实，他们的语言能力和运动能力，在未来一年里会得到极大的发展。他们掌握词汇的数量会越来越多，表达的能力也变得更强。他们的运动能力发展得很好，灵活性也越来越强，可以不再手脚并用地爬行，或是依靠其他物体来行走。现在，他们渐渐告别了蹒跚的步履，开始以如飞的健步在屋里行走，甚至奔跑。同时，上下阶梯对他们来说，也变得轻松自如起来。

在这些现象之下，他们的心理也开始发展，但是最先表现出来的却是不好的那一面。在学会说"好"之前，他们先学会的是说"不"；在学会捡东西之前，他们先学会的是扔东西；在按你的要求来到你身边之前，他们最初的反应是远远跑开，然后才是慢慢向你走来。他们执拗、顽固，不愿受到束缚，你会发现和他们相处起来并不容易。

事实上，当身体获得发展之后，孩子的心理也会发展，但是这种发展却并不像身体的发展那样，是完全自然的，而是他们自己积极参与的。他们的独立意识开始萌生，但往往表现出来的却是和家长的要求背道而驰。

因此，当孩子走出襁褓，顺利地迈向他们生命的第二年时：并不意味着他们也会顺利地走过这第二年。恰恰相反，急于施展新能力的他们会变得很难对付：一天到晚缠着你问问题；不配合你为他们穿衣服；不肯安分地坐在小椅子上；踮着脚够高处的物品；自己不肯走路非要你抱着。

他们的种种劣迹会在一岁半时达到顶点，开心果变成了小淘气包。这时，许多原本觉得很幸福的父母，就开始叫苦连天了。

过了这个顶点，他们的性情才会渐渐平缓下来，完全稳定还要等到两岁之后。不过，还有一个时间点要特别注意，就是在孩子一岁零九个月的时候，他们的表现完全取决于他们之前的发展。如果此前他们的发展比较平稳，那么到了此时，也就没有什么好担心的。但如果他们之前发展较迟缓的话，恐怕您还要头疼一阵子，他会和一岁半时一样，"劣迹"不改。

1. 给父母的提醒

"三岁看大，七岁看老"是人们经常挂在嘴边的一句话。事实上，我们往往可以借助孩子在婴幼儿时期的表现，来预测他们未来的发展情况。如果我们能够从孩子婴幼儿时期就开始认真观察他们的行为，那么，孩子成长期的各个关口，我们就可以帮助他们平稳地度过。

但是，作为一名家长，**一定要记住三点**。

❖ 孩子的成长是有规律的，家长要有合理又合时宜的预期

只有到了发展的不同阶段，他们才能获得各种不同的能

力，而不能跨越任何一个阶段。孩子们在没有学会走之前，是不会跑的。无论你在一旁多么热心，多么焦急，都于事无补。家长应该根据孩子的发展调整自己的预期，避免因为期望过高而焦虑不安，影响孩子的成长，当然也不能错过黄金培养时间。

❖ 每一个孩子都是与众不同的，不要奢望孩子按照自己的设想来发展

你可以积极参与孩子性格的塑造，固化他们性格中积极的一面，同时消除他们性格中消极的一面。然而，每个孩子都有他发展的独特道路，作为父母，你能够给予他的只有一个良好的发展环境，而不能奢望他完全按照你的设想来发展。

❖ 孩子能力的获得是一件极其自然的事情

无论你事先是否刻意教导过他们，只要到了一定的阶段，他们自然都会获得相应的能力。你完全不用在此事上费心。当然，孩子们会表现出个体的差异，有关这一点，在本

书的第八章中我们会详加讨论。这里，我们想要强调的是，所有想要加速孩子发展的努力都是徒劳的，孩子的发展只会遵循其自身的规律进行。

上述三个结论都是耶鲁大学儿童发展中心的阿诺·格塞尔博士（Dr. Arnold Geisel）通过多项研究实验获得的。他领导研究人员针对同卵双胞胎婴儿，开展了名为"外在因素是否会影响婴儿行为的提前发展"的研究，他们研究的目标行为包括爬楼梯、堆积木等多项基本行为。实验过程是这样的：在同卵双胞胎婴儿即将表现出某项行为之前，把他们两个分开。对其中一个开展持续数周的教育训练，目标就是让他掌握该行为。而对另一个则不做任何与该项行为有关的教育训练。

最著名的就是婴儿爬楼梯实验。当一对四十六周大的双胞胎婴儿都还不会爬楼梯时，格塞尔博士等人对其中一个开展了为期六周的爬楼梯训练。六周训练结束后，那个婴儿果然可以顺利地爬楼梯了。与此同时，另一个完全没有接受任何训练的婴儿，在六周之后也可以爬楼梯了，而且爬得和他那个受过特别训练的兄弟一样顺利。类似的结果也在其他实验中得到证明。可见，教育训练和孩子的自然成长都会使得孩子获得某项能力，获得的时间点和获得能力的效果也完全一致。也就是说，孩子能力的发展不会因为教育训练而提前获得——我们无法使孩子的发展加速。

如此一来，好像我们只要安心地等待孩子们自然成长就可以了。可是，我们的家长朋友们定然是闲不住的，尤其是那些初为人父、初为人母的家长朋友们，非要找些事情来做。要帮助孩子成长也是人之常情，本无可厚非，但前提是，家长必须了解孩子的成长规律。

2. 父母究竟该做些什么？

❖ 多陪伴孩子就好

当孩子还处在婴幼儿时期时，特别喜欢有人在他们身边，注意他们的举动，逗他们开心，和他们说话，以及用一切最自然的方式跟他玩闹，这样他们才会有安全感和亲熟感，成长起来也才会更顺利。

"不要让你的孩子输在起跑线上！"你大可不必理会某些居心叵测的学校老师以及心术不端的心理学家的此类叫嚣，硬逼着你可爱的孩子去认字、数数，甚至是握笔演算代数题。你所需要做的只是陪着他玩，仅此而已。这胜过任何生硬的知识，因为他在这里已经学到了更宝贵的东西。他知道自己有人疼爱，知道自己是父母最珍贵的宝贝，知道有人会帮助他，还知道这个世界的一切都那么美好。

❖ 根据孩子的举动给予必要回应

如果你细心观察就会发现，从一开始，孩子就会表达自己。他会用哭声来吸引你的注意，表示他有进食或者其他的需要；他会用小手碰触你，表示他很喜欢你；他会把身体紧紧贴向你，表示他知道在你怀里很安全；等等。而这种能力也会越来越强，表达得越来越清楚。你可以根据他的这些举动来给予他必要的回应。

在孩子长到一岁半以后，他的独立意识会越来越强，他开始需要一些独处的时间。过多的、不合时宜的关注，会让他觉得有些烦腻。这时，你要特别注意他的表达。当他不需要你时，你最好就不要出现；而当他需要你时，你最好又快点出现。

但总体而言，陪伴未满一岁孩子的时间还是多多益善。在你们相处中，他会自然而然学到许多有价值的东西。

❖ 接纳孩子，不要刻意加速他的成长

通过和他相处，你若能体会出孩子成长的规律，也就比较能接受这个事实——你不能，也不需要刻意加速他的成长。孩子至今还不会爬，没什么大不了，让他去好了，总有一天他可以爬得很顺溜！他还不会叫"妈妈"，也不是多大的事，都随他去吧，总有一天他会叫得很响亮。

因为在婴幼儿时期，孩子发展得特别快，几乎是一天一个样，所以大多数的父母也往往能接受这个速度。但是随后，家长朋友们的心理变得更急切了，可能会觉得孩子成长减缓了，怎么还不长大啊？怎么还是这个样啊？在这里，我们要特别提醒家长朋友们注意自己的心态，请将耐心和接纳保持下去。

说到了"接纳"，这里还要插一句，孩子的气质是一出生就定下来的，你强求也无法改变，就请家长朋友们试着去接纳吧。这一点，还请各位家长朋友们理解。

请家长朋友们一定要记住，对于孩子的成长过程，我们应该抱有正确的态度，不要试图加速孩子的成长，因为即使那么做了，也不会收到任何效果。正如格塞尔博士所言："或许，环境因素会在调整或改变孩子的生长状况方面起到一定的作用，但在影响发展的进度方面却无能为力。"

Chapter 2

可爱又难缠——
一岁孩子的身心发展特质

很多妈妈在孩子一岁时就抱着很高的期望，甚至开始对他进行各种技能和思维的训练。其实，科学实验证明，孩子在一岁半前行为和智力水平基本上和猩猩一样，太早训练并没有益处。了解他这一阶段的身心发展特质，才能有的放矢地制定教养方法。

本阶段孩子的主要表现

我们每个人在一生当中都会有许多亲人，在所有这些亲人里，让我们最喜欢却又感觉最头疼、最难相处的人，应该非一岁三个月到一岁九个月期间的小孩子莫属了。

一岁多的小宝贝，他那小肉球一样可爱的身体、鼓鼓的小脸蛋、柔软的头发、蹒跚学步时既兴奋又紧张的表情，让我们看在眼里，爱在心头。

有时候担心他会摔倒，总是想把他抱起来，举得高高的，看着他笑，看着他哭。你也许总想抱着他不放手，想让他能感受到你对他的爱，可他却不见得想让你抱；他自己玩得正兴起的时候，才不想让你来打扰他呢。

你越是想要守着你的小孩子，想让他感受到你对他的爱，就越会因为他对你的不领情而受到打击。其实大可不必这样，你要知道也许小孩子的内心世界里，也在经历着另外一种挫折，他还不会用言语来表达自己的想法，也不能自如行动，不能做出许多他想要做的事情。站在孩子的角度去想想，他想要做一件事，却说不出来、做不到，这对他来说，是一件多么难过的事情啊！所以，受到打击的爸爸妈妈们，每当你们觉得郁闷时，想想小孩子的烦恼，就再多给他些耐心吧。

在这个世界上，能够看着自己的孩子一天天快乐地长大，是一件多么令人兴奋而快乐的事情啊。

丈夫的精子与妻子的卵子相结合的那个瞬间，一个全新的生命便开始了，而这个小生命的性格从那时便已经确定了。但对于父母们来说，却往往要等到孩子一岁半左右的时候，才会开始发现他的性格特征、脾气秉性。这些发现，也许有些是父母们想当然认为的，并不见得完全准确。因为孩子在一岁这个年龄阶段，还不足以表现出全部的性格，他已不再是小婴儿，但也还没有发育到足够成熟。正是这个阶段的孩子才能表现出特有的中间性格，为父母们带来了许多小烦恼和说不出的乐趣。

1. 一岁半前：
孩子的能力和猩猩差不多，
不要抱有太高的期望

　　有人曾经做过这样一个实验：把一个刚刚出生的小孩子和一只刚刚出生的小猩猩放在相同的环境下抚养。在一岁半之前，小猩猩和小孩子所表现出来的能力基本上是一样的；但从一岁半开始，小孩子的发育和表现便逐渐超过了小猩猩。这个实验说明，孩子要到一岁半之后，才会开始表现出区别于动物的‘人’所特有的特性。当然，从一出生起，孩子就已经是个完整的人了，只是他需要时间来完成自己从一个类似于小动物的东西到"人"的过渡。

　　因此，多理解并尊重自己的孩子在这段时间诸多不成熟的表现吧，**不要在他还是个小孩子时就抱有太高的期望。**

这个一岁半的小家伙，往往会做出许多不合常理的事情出来。遇到这样的情况时，建议你调整好心态，试着以一个外人的眼光来欣赏他。这样一来，你便会发现，他的行为在你眼里会突然间变得可爱了。

这个时候的小孩子是多么招人喜欢呀！看着他那天真无邪的眼神和他那滑稽而又可爱的小动作，你可以以自己喜欢的方式去搂他、抱他、举他，随意地跟他说话、逗他。好好地珍惜这段时光吧，因为等到他两三岁时甚至更大之后，他会有自己的思想，不再愿意任由你玩耍；到那个时候，你会发现曾经的这段时光是非常值得怀念的。

2. 一岁半左右：复杂的过渡期

❖ 非常固执

孩子在"一岁半"这个过渡期，经常会表现得非常固执。他虽然不会很好地用语言来表达他的想法，但是会通过肢体动作和表情向你传达出非要按他的意思来做事情的信息。他对一些东西的占有欲也会表现得非常强烈，谁都不许拿走。但这种占有欲与两岁半左右的孩子比起来是不一样的。两岁半左右的孩子如果要抢东西，那是他真的想要那个东西；而一岁半左右的孩子，他的想法是什么东西都要归他所有，他见不得别人手里拿着他想要的东西。有时候，看着孩子的这种"小自私"的表现，真的会让你忍不住笑出声来。

一岁左右的小孩子喜欢一个人自得其乐地玩。他常常抬起头，漫无目的地四下张望，如果有人（尤其是同龄的孩子）打扰到他，他很可能会突然生起气来，小脾气一旦爆发，父母们就要好好地费些力气去把他哄开心。这就是这个时期的孩子表现出来的小顽固。

❖ 肢体活动在所有活动中占的比例最高

孩子处在这个年龄阶段，他的肢体活动在所有活动中占的比例最高。简单来说，这个年龄段的孩子，基本上就是靠四肢活动来表达自己意愿的。有句话叫"小孩子都是用脚来思考的"，他做事没有计划，一般都是走到哪里，才想到哪里；等撞到某个东西后，他才会去观察这个东西。而再大一些的孩子，则通常经过观察判断之后，才会选择是否靠近那个东西。

孩子的人际交往也基本上是这样的。当他在身体上接触到另外一个小孩子时，他才会对对方产生注意。他经常会伸出手去摸摸对方，他认为通过这样的肢体接触，就可以满足他对对方的好奇心了。

❖ 开始喜欢钻洞

孩子再稍微大些之后，你会发现他开始喜欢钻洞了。只要让他发现哪里有洞一样的东西，比如家具间有缝隙或者桌椅的下面有空间时，他都会很有兴趣。他会用玩具或自己的身体去测试一下，看能不能进得去。这是多么可爱的行为啊！

❖ 要么坚持到底，要么毫无兴趣

这时的孩子对外界环境是非常敏感的，任何一样东西都可能会让他有所注意甚至产生兴趣，但这种兴趣常常是毫无理由和动机的；但一旦他真正喜欢上了，或是压根就没有兴趣，那你就很难让他改变主意了。一旦他喜欢上某件东西，他会坚持玩下去，几头牛都拉不回来；而他压根没有兴趣的东西，你就是再用什么方法来吸引他，也很难引起他的注意。这也是这个年龄段的孩子在行为上的一大特点：要么坚持到底，不达目的不罢休；要么就毫无兴趣，说什么也不会改变。

❖ 做事坚持要结果

这个年龄段的孩子虽然还不懂事，但有一样特征，就是他们做事坚持要结果。比如说他必须坚持把某个屋子的门关上，坚持把放在餐桌上的盘子或杯子交到你手里，等等。有时候，他也会无意识地去做一些与你的指令相反的事情。比如你刚刚把废纸丢到垃圾桶里，他可能会跑过去把废纸倒出来；你好不容易给他穿上衣服，他可能会努力地想要脱掉；你让他走到跟前，他偏偏跑得远远的；有的时候，他喜欢倒退着走路，或者倒退着推婴儿车。但请你相信，这不是他有意为之的，而是这个年龄段所特有的一种表现行为罢了。

❖ 情绪不稳定

这个阶段，虽然他已经开始有表现或发泄自己情绪的行为能力，但他在情绪方面的表现还不稳定，有时候会突然大发脾气，甚至走极端。当遇到他认为不开心的事情时，他不会仅仅满足于皱下眉头、噘下嘴巴这样的小儿科，他很可能会极力地放大自己的情绪，用大声哭闹去宣泄。其实，这很可能并非他的本意，只是在这个年龄阶段，他自己都无力去控制自己的情绪。在这个时候，你更要给他足够的理解和耐心，千万不要因为你眼中的他乱发脾气而郁闷或生气。

❖ 性格孤僻，非常内向

这个年龄段的孩子，还有一个特点，就是性格孤僻，非常内向。他们大多数时间会专心致志地享受着自己一个人的世界，而不肖与外界交流。只有在他有心情的时候，他或许才会想起来与你沟通。正因为如此，即使是一个非常活泼可爱的孩子，有时候在我们眼里看上去也好像满脸愁容一样；一个长得不那么可爱的孩子，有时候更会像一个抑郁的、犹如被遗弃般可怜的孩子。

❖ 遇到困难与挫折大声尖叫或哭闹

当遇到困难与挫折时，这个年龄的孩子处理的方式是大声尖叫，或是到大人那里去哭闹，而不会自己想办法解决问题。他自己能够想到解决问题的方式，最多是当他觉得椅子或玩具"不听话"时，去把这些东西踢倒罢了。

❖ 常常因新鲜好奇而遇到危险，特别需要 细心照顾

世界上所有的东西在一岁半左右孩子眼里看来都是新鲜的，但他不懂得这些东西的危险与好坏，因此我们对这些孩子在各个方面都要给予细心的关照。当他看到新鲜事物而冲动时，比如在散步的时候，他可能会因为突然看到可爱的汽车而冲到马路上去。你要在他身边随时准备拉他一下，防备未知风险的发生，因为这个时候的小孩子对危险是没有任何概念的。

❖ 呈现逆反心理

孩子在一周岁之前，还不太会表达自己的不愿意，基本上是完全按照父母的意愿行事。但随着年龄的增长，到达一岁半左右这个阶段后，逆反心理开始明显地呈现出来，他的"不愿意"开始比"愿意"多了起来。你会发现在与孩子相处的过程中，会比以前多出来许多困难。但不要为此而苦恼或烦躁，孩子的变化正标志着他像个正常的孩子一样在慢慢地长大，你反而应该为此而感到欣慰和快乐。

　　对于父母来说，这个年龄段的孩子有时候就像个玩具娃娃一样，让你喜欢到总会不由自主地想要搂搂他、抱抱他，看着他在你怀里撒娇，跟你亲热，那种快乐与享受是不言而喻的。尽管有时候他会不怀好意地耍耍坏，抑或是控制不住情绪而发脾气，但他始终是个一天天在长大的小宝贝，他在慢慢地学着懂事。当突然有一天他会帮你打个下手、做些简单家务的时候，你就会对他更加疼爱。

　　孩子个人的情感表现会在稳定期和不稳定期之间交替变化，这种变化主要是随着年龄的增长而产生的。从图一可以看出，孩子在十一个月的时候，会有一段不稳定期出现；而到一岁左右的时候，他的情绪表现便会开始稳定起来。在这段时间里，父母可以与孩子一起享受一段平静而快乐的时光。

　　一岁三个月到一岁九个月这段时间里，孩子又会度过一段不稳定时期。这段时间里，他会对很多东西产生需要，但他自己却没有足够的能力去满足这些需要，他便会因此而感到郁闷和压抑。当这种情绪积累到一定程度时，家里可能会被他闹个天翻地覆、鸡犬不宁。而到孩子两岁的时候，便又会重新迈入一段平静时期。

　　孩子到两岁以后，随着身体的逐渐发育，思想也在慢慢开始成熟，肢体的行动和掌握能力也有了很大提高。他慢慢

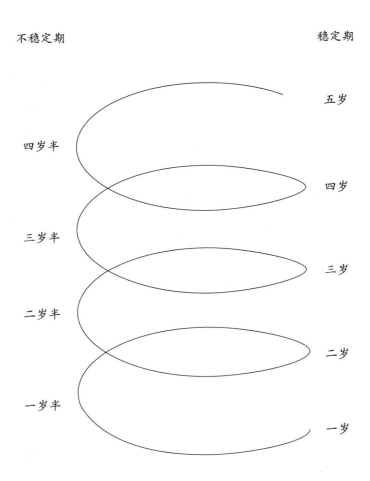

不稳定期　　　　　　　　　　　　　　稳定期

　　　　　　　　　　　　　　　　　　五岁

四岁半

　　　　　　　　　　　　　　　　　　四岁

三岁半

　　　　　　　　　　　　　　　　　　三岁

二岁半

　　　　　　　　　　　　　　　　　　二岁

一岁半

　　　　　　　　　　　　　　　　　　一岁

图一　稳定期与不稳定期交替出现

地可以按照自己的意志、依靠自己的身体力量来做自己想做的事情，而不再像之前那样行动不那么灵活自如、那么容易摔倒了。在语言表达能力方面，他也能够开始清晰地表达自己的想法，词汇量也比以前丰富许多，不再需要大人们从他模糊的表达中去猜测了。这个时候，比起六个月之前，他的情绪重新开始稳定起来，每天都会开心快乐地玩儿。但是，等再过半年时间，当他到两岁半的时候，你会发现一个新阶段的不稳定期又再次来临了。到那个时候，许多新的挑战正等着你去面对呢。

通常来讲，孩子有独特的"以自我为中心"和"顽强特性"，在一岁三个月的时候开始初步显现出来；到一岁半的时候，这些特性达到顶峰；到一岁九个月的时候，慢慢地进入尾声。前边我们谈到的这些现象，可以广泛地适用于一岁三个月到一岁九个月之间的孩子们。

3
Chapter

一岁半前上亲子班等于白上——

一岁孩子的能力
表现

　　在本章我们仔细谈谈一岁至两岁孩子能力方面的表现。我们重点探讨一下"一岁半"这个年龄段，因为这个时期具有一定的特殊性，它介于一岁和两岁中间，是这一年中孩子最顽皮，也是我们了解得最少的一个阶段。

1. 一个月到一岁：
动作能力发展很快

孩子刚出生，是只能躺在床上的，一直到四个月大，他能做的动作也只是伸伸腿、挥挥手，小眼珠跟着滴溜溜地转转。但他做的每一个姿势，以及手脚拿捏的能力仍然非常欠缺。

从第四个月开始，孩子就慢慢有了自己做动作的能力。他开始尝试着自己坐起来，并且非常喜欢这个坐的姿势，当然此时他还需要东西支撑一下。大部分婴儿到了七个月时，就可以双手支撑着坐稳当了。

从第七个月开始，他的肢体动作进步得非常快。在每天的练习中，他坐起来已经相当熟练和迅速了，坐起来的时候非但不用双手支撑，还用手去抓身边的东西。这些连贯的动作，包括独力坐着，有意识地抓东西，以及抓握能力的提高，让你感觉孩子的进步真是突飞猛进。不仅仅是这些，接下来，他还会展示给你其他的新动作呢！比如，他逐步学会了爬行。起初，他只能整个身体趴在地上，微微扭动一下上半身；慢慢地，他能向前挪动了，当然此时他是用手臂的力量向前移动的，双脚和腹部还不能抬起来，仍然贴在地上。到了第十个月时，他爬的时候已经会弯曲膝盖了，凭借腿的力量，他可以让肚子轻松地离开地面。这个动作的顺利完成，为以后用双手双膝爬行做好了充分的准备。

第十个月到十二个月这个时期，家长们就要更费心了，因为他此时简直是个小探险家。他学会了用双手双膝爬行，而且动作灵敏，技巧过硬。屋子里的每一个地方对他都有很大的吸引力，他会饶有兴致地爬到每个角落，拿拿这个，抓抓那个，他在这个空间里真是乐此不疲。

2. 一岁：
各方面飞速进步的时期

❖ 开始学步

隆重、兴奋地过完周岁生日后，孩子的进步更大了。他不再满足于爬行这种行动方式，他也想学学大人，用双脚来行动。开始时，他会偶尔站立一会儿，在有支撑的情况下，他还想走上几步。这时他行走的愿望很强烈，总是希望在大人的扶持下自己走几步拿东西。个别的孩子已经能跟跟跄跄地独力走上一两步了。虽然走得不稳，但孩子自己非常有成就感，他的脸上洋溢着成功的微笑，这表情告诉你：他很兴奋，也很满足。当然，比他还满足的是他身边的大人们。

❖ 手很灵巧

此时孩子手的灵巧度也有了很大的提高。在抓握能力上，他可以用大拇指和食指把物品夹起来；甚至是非常细小的东西，他也能稳定准确地抓起来。这个时期孩子有一个调皮的爱好：他非常喜欢把东西抓起来，放下，然后再抓，再放。如果他的位置较高，他会把任何手里的东西都向下丢，然后，示意你给他捡回来；捡回来后，他会兴奋地再丢一次。这样的游戏会给他带来无穷的快乐。

大多数孩子现在具有了一定的模仿能力，他可以在你的示范下把一个小方块放在另一个小方块上面（当然，再过三四个月他才会摆积木）。因为他已经能支配自己的手了，所以吃饭的时候他会用手去抓碗里的食物。

一岁大的孩子是不会用汤匙吃饭的，但是他的小手能有力地握住汤匙柄，并且会拿着它在桌子上拨来拨去，或者用力地敲打杯子、盘子、碗等。有时，他也会把汤匙伸到器具里去舀东西，当然，一般是舀不上来的。

❖ 有表现欲，希望得到夸奖

满一岁的孩子已经有了一定的表现欲，他喜欢让全家人注意他。如果他的某个动作逗家人笑了，或是得到了家人的夸奖，那么他会重复做这些动作，以期望再次获得夸奖。他每学会一个新动作（比如再见、握手、亲亲等），都希望得到别人的赞美。之所以会这样，是因为此时的他正在探索一项比较难的哲学问题——自己和其他人有什么区别。

❖ 有情感诉求

他已经有了人类基本的情感：喜、怒、哀、乐。他对音乐也有了感知能力，有时候身体会随着音乐的节奏而律动。有时，他还表现得很幽默，比如突然的响声，或是看到新奇的东西，他会开心地笑个不停。

❖ 喜欢做的事

一岁的孩子性情很随和，也非常乐于接近他人。他喜欢出去看看外面的世界，不管是坐婴儿车，还是让爸爸妈妈抱着，只要出门，他就高兴。在外面，他最感兴趣的是那些会动的东西，比如自行车、汽车、闪烁的霓虹灯。在家里，他喜欢和人玩"找孩子"的小游戏，喜欢大人做藏起来再出现的小游戏。

❖ 会简单词汇

这个阶段，他的语言能力也有了提高，除了会叫"妈妈""爸爸"外，经常接触的词汇他也会说几个了，比如"拿拿"。有时为了表达自己的想法，他会咿咿呀呀地说个不停，你问他，他也会回应你的问话。不过，他还是不能用简单的语言来表达事物和完整的想法，毕竟他的说话能力还是很弱的，只是在刚刚起步阶段。

3. 一岁三个月：
向刁钻、调皮转型的时期

一岁三个月大的孩子正处于转型期，他告别了可爱的婴儿期，迈向了刁钻、调皮的一岁半。

❖ 学走路，不要摔倒了就去扶

到了这个时期，大多数的孩子已经学会了走路。但是他们的平衡能力差些，经常会摔跤。不过，这不影响他们的自信心，他们会爬起来继续走。妈妈们此时也要注意培养孩子的独立能力，不要摔倒了就去扶。由于自己走得慢，达不到自己的理想，所以他还是喜欢让大人抱着走。看着他举高双手央求的小模样，虽然体重已经不轻了，妈妈也总是心疼地抱起他。

这个时期孩子的肢体动作能力比先前提高了很多，主要表现在他会倒东西了，不管是箱子里的，还是其他容器里的，只要他力所能及，他都会把它们倒出来，再塞回去。当然，他是倒得多，装得少。

当遇到他着急的事情时，他又会变走为爬，毕竟对他来说，爬的技术更娴熟些，这样他可以提高速度。此时他的手比以前灵巧了很多，可以把两个积木准确地堆在一起了。

❖ 听的能力比说的能力强

语言上，他的进步不是很大，掌握的词汇增加到了十二个左右。有时，他也会模仿着说出一些新字，但也只是说说，还不能形成语言自己表达出来。这个时期大多数孩子已经能连起来说两个词，比如"睡觉觉""妈妈抱"。而且他们听的能力要比说的能力强，好多长句子他们也能听懂，比如"把门关好""把书给妈妈拿过来"等。

❖ 好奇心强，限制一下活动范围更能保障安全

这个时期的孩子开始有思想了，开始做自己想做的事，而且是爱做那些做不来的。比如，他坚持要自己端碗来吃饭，而实际上，他会一次次地把碗丢到地上。

他有好奇心，喜欢到处看看，并且会抓抓玩玩。为了安全起见，我们最好限制一下他的活动范围，例如，围栏里或婴儿车上，这样才比较安全。否则，这个不知深浅的小家伙，添乱的本领会超常发挥，一定会给家中增添不少意想不到的麻烦。

❖ 独立意识萌芽

我们都觉得一岁三个月大的小孩"刁钻难缠"。因为他经常会要求别人做这做那，而且自己也表现出了一些独立性。可以说，此时他开始萌发了独立自主的意识，比如他要自己拿水杯，要自己拿汤匙吃饭。他会固执地拿着汤匙插进碗里，然后把汤匙转一下再送到口中（孩子真正学会使用汤匙，大约还需要一年的时间）。他会挑选一些圆形积木装进圆形的洞里，嘴里还会嘟囔一些自己的语言，会不停地打出

一些手势，会装起一些散落的玩具。如果旁边有观众，他还会像模象样地翻开书看。如果有人指着图片对他讲解的话，他会对书产生浓厚的兴趣。不过，你一定要给他买撕不破的小儿书哟，因为他撕书的本领也是很高的！

4. 一岁半：可爱又难缠，最需要你的耐心包容

到了这个阶段，孩子看起来已经懂一些事了，所以一些母亲开始给孩子输入程序，告诉他们这应该怎么做，那应该怎么做。假如你是有这种观念的母亲，你一定要注意了，你的做法是错误的。一岁半的孩子能听懂一些事，但能做的事很少，他身体的各个方面都没有发展成熟，所以，不能拿他和大一些的孩子做比较，更不能要求他做一些超出他能力范围的事情。

如果你的孩子现在正好一岁半，你肯定在为他的难以驾驭而伤脑筋，你可能在尝试驾驭他的种种办法。请记住，**你**

最应该做的，是耐心地包容他。因为此时的他，每天都经历着挫折和困难，他小小年纪，要千方百计地做自己的力量所不能达到的事情。你的耐心包容可以培养他一生的信赖感和幸福感。

❖ 身体动作在挫折中发展

在身体动作方面，一岁半的孩子虽然基本可以靠自己行进，但是他的动作还不是很成熟。打个比方来说，他可以独立行走，甚至有时候还要尝试小跑一下，但现在的他还是很容易跌倒。他虽然可以依靠自己独立行走，但基础仍然还是很不牢靠的。所以他会把两脚分开，两手举得很高，或者是像小海豹一样伸到两边来保持平衡。当他一旦开始走路时，他就会保持头往前伸、张着嘴巴、挺着小肚子、分开双脚的姿势，急吼吼地乱撞。但是总的来说，除了转弯有些困难，他还是可以很好地控制自己的脚步去到任何一个他想去的地方。

他连走路都摇摇晃晃的，更别提跑步了。他跑起来简直就跟无头苍蝇一样，眼睛直直地盯着前面，每一步都迈得十分吃力。因为基础不稳固，所以他经常跌倒。相比之下，他爬行的速度就快得多，因此他非常喜欢手脚并用地上下楼梯，也可以说是"滑"下楼梯。

他不光可以以很快的速度滑下楼梯，还可以在双手双脚的辅助下快速爬上楼梯。相比之下，他在平地上的动作就显得笨拙得多。当他觉得在平地上行走很吃力，并且速度慢的时候，就会干脆匍匐在地恢复爬行的姿势。他还会用自己的方法坐上小椅子：先把一条腿送到椅子上，然后再借助另一条腿的力量爬上去。

爬上大椅子或者沙发这项任务对于他来说就有点难度了，可他还是不想借助大人的力量，而是想自己独立完成。"蹲下"虽然是个高难度动作，但他却做得很好，甚至可以保持身体不动呢！

虽然说一岁半的孩子对肢体的控制与协调还是十分吃力的，但有时候他还是会有一些惊人的表现。打个比方来说，虽然他走路的时候歪歪扭扭，还会不时地撞上旁边的东西，但是也会有一些偶然的惊喜出现，比如他可以向上扔一个乒乓球，然后用拍子打中。

一岁半的孩子通常是不会思考的，他们都是走到哪里，再想要做什么，可谓是"大脑与双脚同步"，这可以称为

"用脚思考"。他不会提前打算该做什么，而是随着自己的兴致到处乱跑，偶尔停下来研究自己感兴趣的东西。而那些大一些的孩子就完全不一样了，他们会带着自己的目的走到一些地方。

从图二我们可以得出结论，跟年龄较大的孩子相比，一岁半的孩子喜欢漫无目的地探索每一个角落，而不是花大量的时间在玩玩具和选择自己感兴趣的东西上。

换言之，一岁半的孩子是很少用大脑独立思考的，他们总是动作先于思想。就像是上紧发条的洋娃娃，一直在不知疲倦地运转。在这个时候，照顾他的大人就显示出了至关重要的作用。大人不光要代替孩子思考，告诉他该怎么做，同时还不能对他的行为过于期待。因为这个阶段的孩子还是很难长时间地集中注意力，他们通常表现出三分钟热度。

大部分时间里，这个时期的孩子还是很少安静下来的。他总要不停地拽这个，拉那个，好奇地想要知道盒子里藏着什么东西，甚至会把里面的东西全部倒出来，还要学大人修理这个修理那个。比如，尝试推动沙发，这些在大人看来很头疼的动作，孩子却乐在其中。然而，因为他还不能对自己

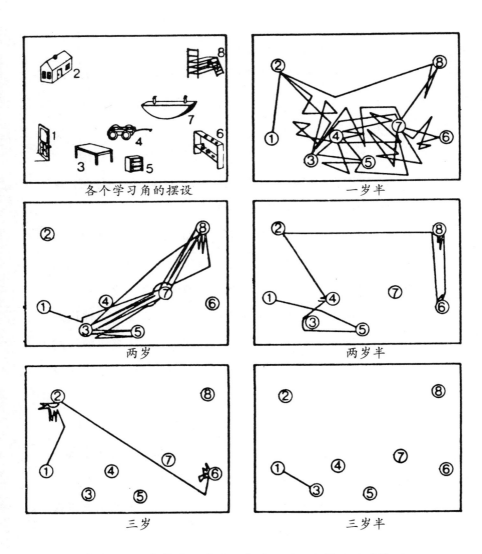

各个学习角的摆设　　　　　　　　一岁半

两岁　　　　　　　　　　　两岁半

三岁　　　　　　　　　　　三岁半

图二　不同年龄阶段的孩子在幼儿园七分钟活动的情形

的行为进行计划和判断，所以拖动东西的时候，常常会出现卡在门上而进退不得的状况。他虽然不能像那些大孩子一样踢球，但是会以自己的方式推着球找到乐趣。

跟大人一起出去散步的时候，他更加会表现出自己对所有事物的好奇，到处摸摸看看，乐此不疲。但是这个阶段的孩子还不能准确运用自己的手腕、手指头做比较细微准确的动作，这是因为他现在还处于大块肌肉肢体运动的发展时期。

❖ 手指细部动作日益熟练

一岁半的孩子能自己玩玩具了，只是不管拿球、抱洋娃娃还是玩具狗，他们都是用整个手臂来完成，还不会借助手指或手腕的力量。一些较细致的动作偶尔也会出现，但是他还不能准确拿握物品，拿在手里的东西常常不听使唤。当然，不听使唤的原因不只是拿握能力差，还和他不知道物品的正确使用方法有关。比如，他在使用橡胶锤子的时候，不是用锤子头敲击物品，而是用锤子的握柄或者是锤子的侧边乱敲一气。

不过，他每天都是在进步的，动作日益熟练。比如，他可以自己翻开大本的图画书，虽然不能做到每次只翻一页；还可以一次堆砌三四块积木；看见笔就会下意识地找纸，随意地画上几笔。如果你教他，他也会跟着你画上一条长线；他还很爱拉着小汽车到处跑。

❖ 有视觉能力，专注于看世界

一岁半孩子的眼睛已经具有了一定的活动能力，可以自主看物体了。他的眼睛可以滴溜溜地转动，比头和手要灵活得多。但是由于他身体各部分的功能分工还不是很明确，所以做每一个动作时，他都是全身参与，而且动作很夸张。比如，当他看某一个地方时，除了眼睛朝那儿看之外，头和身体也会跟着转过去。这种连动的特点，在一岁半的孩子中具有一定的普遍性。

在生活中，当他要看的物品角度于他不合适时，他一般不会去调整物品，而是会调整自己的身体位置，来达到自己想要的效果。比如，他想玩的某件东西离他太近了，他感觉不便于操作，或者姿势不舒服，他会选择把身体往后挪一点，再不合适，就左右动动头，来达到他想要的角度；如果他想看的某一件东西和他的方位不对，他不会把它拿到面前来，而是把自己的身体整个扭过去，甚至把自己坐的椅子整个转过云，来达到面对那件东西的目的。

他也会尝试着看东西时只动眼球，保持身体和头部不动，但是，他好像很不习惯这样，总感觉直视物品才能看得更清晰。当他往盒子里装积木时，他看积木和盒子时不只是双眼来回看，而是整个头来回转。当然，这只是大多数的情况。偶尔的时候，他也会只动眼睛就能把东西进行准确定位，并按自己的想法摆弄一番。

他注视物品时有一个招牌动作：抬起下巴，身体前倾，盯着不动。有时还会把头伸到物品下面，从下面打量物品。甚至，他会把某样东西拿起来蹭几下，或是用力扔了，落地后盯着看。这个年龄段的孩子看东西大都爱走极端，要么贴得很近，要么离得很远，似乎保持"近距离"或"远距离"来看东西，要比"中距离"看东西舒服。总之，不管他用哪种方式来看物品，他都是专注的，他要将新奇的大千世界，通过自己的眼睛，装进他幼小的心灵。

❖ 喜欢说话，甚至会自言自语

这个年纪的孩子语言能力表现不尽相同，会说的字有多有少，多的会说十几个，少的则就会说五六个。但一般来看，他们平均会说的字有十来个。

如果真要计算的话，语言能力强的一岁半孩子会说的字也是十分令人惊讶的，比如他会说"妈妈""爸爸""孩子""叔叔""狗狗""小猫""拜拜""觉觉""袜袜"等。

这个时期的孩子会说的字词虽然有限，但他会用自己特殊的表达方式告诉别人他想要干什么。比如他说"咿、咿""呀、呀"，再配合一些肢体动作，意思就是让你把他抱起来，或放下去，或是想要某个东西让你帮他拿一下。有的时候，尽管他可能会说那个字词，但还是宁愿用肢体语言和一些手势表达自己的需要，他认为这样更准确、方便。比如说，他摇摇头意思就是"不"，就相当于他说"不要""不行"等来拒绝你。

他们除了会说"不""好""抱抱""拜拜"等平常经常说的字词外，在看到图画的时候，要是有大人鼓励（有时候是自发地），他就会指出图画中的东西，还可能直接说出来。当然，有的孩子还不能正确地指出或直接说出来，但当你问他："狗狗在哪里？"他就会盯着有狗的图画看。

一岁半的小孩大多数都已经会叫"妈妈""爸爸"了，要是他身边有小孩子，他也会说"孩子"。同时，他们还知道哥哥姐姐的名字是什么。如果家里养小动物，他可能也会说"狗狗"等。这时候的他在语言上的表现大部分是与自我有关的。

他们会说的词汇虽然很少，但他表达意思有自己特殊的"术语"。老实说，他更愿意叽叽咕咕用这些在大人听来根本就不明白的"术语"讲话。如果他高兴，就会嘟囔地说上半天，小嘴儿一刻也不闲着。

随着年龄的增长，他会说的字不断增多，并且已经开始把两个字词并成一个小短句来说了。比如早上他会说"妈妈早""穿袜袜""爸爸拜拜"，晚上他会说"妈妈晚安""不要睡觉"等。

要是赶上他高兴的时候，他会很爱重复别人刚做过的动作或说过的话。比如，哥哥姐姐摆摆手摇摇身子说"小狗汪汪汪""小鸭子呱呱呱"，他也会伸出手来动动身子跟着学。当然，他做得不完全像，也说不出完整句子，只是跟着说"汪汪"或"呱呱"。

一岁半的孩子对事物很敏感也很有同情心，比如他看见有人手受了伤，他会指着那个人的手面带表情地说："哦！"他的这句"哦"可能是表达他的感受，也可能只是那么一说，这我们就不知道了。

一岁半孩子虽然语言表达能力不强，但他能听懂的话可不少。他高兴的时候，还能完成大人发出的一些简单的指示，比如"帮妈妈把书递过来""把拖鞋拿给爸爸"等。你要是问他鼻子、嘴等五官在哪儿，他也能给你指出来。

这个年龄的他们主要还是和大人说话，和其他小孩子说得很少。例如，在托儿所里，他多数时间可能不开口说话，但他会主动跟老师说"老师""早""拜拜""不""好""糖糖"等。他和大人说话交谈大概有以下三种方式：

一是拿着东西给大人看，然后说东西是什么。比如他拿着玩具车会说"车"，抱着布娃娃会说"娃娃"。二是他想做什么事儿的时候给大人发出指令，比如他想让你抱他或是放下他，他会说"抱抱""下"。三是让你给他拿某样东西，比如他饿了会说"饼干""奶奶"，渴了会说"水"。（或是用自己的"术语"说，或是用手指。）

这个时候的他有时候还很听话。比如，你对他提的要求摇头说"现在不行"，他可能会不再坚持，老老实实地走开。他还会学你的话，如果你说："阿琪，快点。"他也会学你说：

"阿琪，快点。"甚至腔调还有点像呢。

在语言表达上，一岁半的孩子还不能准确、清楚、自如地说出自己的意思，虽然他会说些字词（像"不""好"能应付很多情况），但他会的字词还远不够清楚表达他的意思。比如，他想要件"粉红色"东西，你拿给他"绿色"的，他就会很着急，因为他不会说"粉红色"，也不知道该怎样表达。对他来说，这多苦恼啊！他要想过得更合自己心意些，还得再熬过半年才行。

在玩儿的时候，不管是他自己一个人，还是和小伙伴一起，他都会边玩边笑，自言自语。他这样咕咕嘀嘀地说话并不一定有什么含义，多数的时候，就是自己和自己说话，和别人没什么关系。在他看来，他就是自己喜欢说话，不一定是和他人交流什么。

❖ 协调适应与游戏方面

一岁半的孩子一刻也闲不住，他们整天就像只无头苍蝇似的到处疾跑，动动这儿，摸摸那儿。他们很多的动作都还没成熟，还在不断完善。他拿东西还十分笨拙，大部分时候都是粗鲁地拉、拽、敲打、拖、推等。他很爱拉着有轮子的东西满屋子转；他喜欢把沙子装在小桶里，然后又费劲倒出来；他还很愿意用小扫帚学你扫地的样子在地上乱比画。

他最喜欢的玩具就要数一捏就变形的泥巴、黏土、沙子了，玩起这些东西来，他就不知道时间了。这些东西捏起来软软的，他感觉又好玩又奇特。他的手臂比手还灵活，一些细致的小动作，他做得还很得心应手呢。

说起玩拼图来，他虽然技术不高，却总是饶有兴致。要是他拿自己心爱的小锤子锤东西，他才不管用的是正面还是侧面呢，他会盯着他锤的东西看，还不时地咧开嘴笑。

堆积木的时候，他一般都能堆起三四块。画图的时候，你看着他很费劲，他整个手攥着笔，整个手臂都在用劲儿，样子很笨拙，涂涂画画，每涂几笔就又翻一页。玩黏土的时候，他也只是捏捏、揉揉，根本谈不上把它们变形呢。

我们要注意的是，在这个年纪的孩子的行为表现也各有差别，随着时间的变化，他的行为也会有很大的不同。比如说，他玩拼图的时候，可能会老是把某一块反复地硬塞进不对的地方，但不一会儿，他会突然放对地方，那情景着实让人吃惊。

一岁半的孩子已经很独立了，有的时候，他能自己独自玩上半天。他不停地把自己有的玩具倒腾来倒腾去，比如扔下洋娃娃去捡元具车，丢下玩具车又拿起小铲子，不要小铲子了又去玩小锤子，一会儿又玩起皮球和积木来了。一会儿，他又安静地坐到了小板凳上看看报纸、翻翻彩页杂志，看见好看的还会撕下来。坐不了一会儿就又跑去玩别的了。在户外，他会比在屋里玩得更欢更久。

这个年岁的他，还有自己的小脾气呢，遇上什么事不顺他的心，他会突然不高兴，然后发脾气。但是，他还不能长时间集中注意力，所以一会儿脾气就下去了，等不到你跑来哄他，他就早把那些不开心的事忘了呢。他的火来得快，去得也快。

他集中注意力的时间很短，这既是他最大的优点，有的时候也是他最大的缺点。他的变化很快，注意力不集中，玩一会儿就不耐烦了，不想玩了。同样，他也很不记事，他那会儿不想玩的游戏，这会儿又津津有味地玩起来了。

假如大人要他玩的正好是他自己喜欢的，他就会按大人说的做；要是他对你说的不感兴趣，那肯定是不会听你的。

有些发育早的孩子，有时候可能会想起来让你给他念图画书或是给他讲故事。但大部分这个年纪的孩子对书本还没什么兴趣；等到他感兴趣，差不多还得半年。

一岁半的孩子并不喜欢看电视，他要是盯着电视看，肯定是被那些彩色画面和里面的动作迷住了。对于内容和情节，他一点也不在意。当然，他盯着电视看的时间也不长，看一小会儿就不看了。他们对于音乐的感受则因人而定，有的孩子可能偶尔听一会儿（尤其是你放儿童唱片时），有的孩子则根本不感兴趣。

当然，这个年纪，不管他喜欢干什么，他的兴趣总是变得很快，不能专注一样东西。

5. 一岁九个月：会辨别归属，女孩语言能力发展快

从不爱说话、内向自我的一岁半，长到爱和别人交谈的两岁，许多孩子好像是突然间长大了，他们逐渐掌握了很多新技能。有些发育快的孩子在一岁九个月的时候，改变就很明显了。

在这诸多变化中，我们看到最显著、最令人欣喜的改变之一，是他开始能够辨别什么东西是什么人的了。许多这个年纪的孩子好像突然之间就知道了某样东西是谁的了，也能很清楚地知道它是什么东西，在家里归谁所有。三个月以前，他关心的还只是什么是"我的"，而现在，他会关心什么东西是"你的"了。

所以，一岁九个月的孩子会清楚地说"这是妈妈的"或"这是爸爸的"。当然，这些情形只限于家中，要是到了超市，你要不管他，他保准是看见什么就拿什么。

这个年纪的孩子还知道家里东西的位置，也很爱干把东西放回原位的事，尽管他的手还不太灵活，做得不好。比如他会双手抱着衣服，在妈妈的指示下放置衣服；试图帮妈妈把盘子收进柜子中；在旅行回来时收拾箱子。

这个时期的孩子年纪虽然小，但他们一般会自己想办法解决遇到的困难，而不是向大人求助。有一个小男孩，他一手拿香蕉，一手拿饼干，走路时饼干盒子里的饼干掉出来一块，他试着用拿香蕉的手捡掉了的饼干，但因为手太小，拿不起来，于是他用手肘夹住香蕉，然后再弯腰拿起地上的饼干。

在语言能力方面，一般女孩发育得较快，说话也比较清晰顺畅。很多一岁九个月的男孩可能还只会说一个字或最多两个字的短语，还有的可能还只会嘟囔自己的"术语"，也有的还是喜欢用肢体语言比画的方式表达自己的意思。

但一个语言能力强的一岁九个月的小女孩，已经能说不少的短句子了，尽管她的发音还是婴儿腔。比如她会说"咚咚（弹钢琴）、妈妈、咚咚""爸爸、坐坐"，她甚至会很爱不停地说话来练习。当然，不管是小女孩还是小男孩，如果他们不会说能表达他们意思的字词，他们就都会呆呆地站在那儿着急。

一般说来，这个年纪的孩子还不稳定。他们有时候还会回到一岁半时的状态，以自我为中心，爱和大人对着干，难缠，不怎么说话；当然，他们有的时候也会很懂事、很温和，像两岁的孩子。

总的来说，一岁九个月的孩子，会调皮，会哄你开心，会不断带给你惊喜和欢乐！

Chapter

4

孩子再冷漠，妈妈也不要
难过——

人际关系能力表现

从一岁开始，孩子会经历一段只关注自己、不在意别人、对周围的人或事很冷漠、以自我为中心的时期，哪怕是最亲密的家人，他也会强烈地排斥。会大声宣告"不要"。在这个时候，家长往往很难过，尤其是和他们向来很亲近的爷爷奶奶。其实，这只是孩子成长过程中的一个必然阶段而已，不必失落。

1. 一岁到一岁半：
只关注自己，不在意别人

❖ 不喜欢与别人亲近、交流

事实上，一岁三个月左右的孩子是不喜欢与人特别亲近的。除非他需要别人的帮助（比如帮他推一下娃娃车、拿拿东西），他一般不喜欢别人来干扰自己的行动。家长对他日常生活的照顾——吃饭、穿衣、洗澡等，他一般不是拒绝，就是认为这是别人应该做的。这个时候的孩子是很不容易和别人相处的。

比如，当他坐在娃娃车上时，除非车停住不动，不然，他会视推车人不存在。但是，车子只要停下来，哪怕只是一分钟，他也会有很强烈的反应，表现出极大的不高兴。

当这个小家伙和其他小朋友一起时，他往往不太注意周围的小朋友。而当他看中别人手里的东西时，他就会很不客气地抢过来；当别人挡了他的路的时候，他会蛮不讲理地把人家推开。

有些一岁三个月左右的孩子很排斥别人，哪怕是你送给他饼干，他也毫不领情，宁可自己动手去拿。

当然了，这个年龄的孩子也是很讨人喜欢的。高兴时，他会采用自己独有的方式把喜悦传递给你，比如向你挥挥小手，偶尔还会调皮地和你玩"孩子在哪里"的游戏；有时，还会主动依偎在你的怀里，尽情地让你享受抱他在怀的幸福和甜蜜。

不过，处在这个年龄段的大多数孩子，不管是男孩还是女孩，都不太在意别人，只关注自己的需求，感情倾向比较独立。特别是一岁半到一岁九个月这个年龄段，他完全是一个以自我为中心的独立的小人儿。在他心里，所有的人都理所当然地应该为他服务。他要的东西，不管现在在谁的手里，他都要一下子拿过来，达不到目的就会哭闹。他不会迁就和讨好别人，不会为了他人而委屈自己，哪怕那么一点点，简直成了一个不可理喻的小霸王了！

这个时期，他不喜欢和别人说话，不爱和别人交流，把自己放在了一个独立的小天地里。如果他睡醒了，想要你抱他起来，只会张开双手，做出希望你抱的姿势。不管这个人是爸爸，还是妈妈，只要他需要，他就会这样做，不存在什么特别的喜好。这个时候，你可别天真地认为他是因为喜欢你才让你抱的。同样地，即便是你带着他坐在娃娃车上逛街，他也会对你视而不见，只要车不停就行了。这个时候你可别生气呀，其实你这时候就相当于一个马达哟！

　　这个年龄段的孩子只有在需要你帮助的时候，才会主动和你交流，他与周围人的关系只建立在一个基础上，那就是别人能满足或者帮助他实现自己的需求。特别是在他不开心的时候，这种表现更加强烈。他会缠着你，把小手伸得高高的要你抱。作为家长的你，这时应该及时满足他的要求。

　　这个时候，大多数家长都感觉，孩子没有以前那么好玩了。还是婴儿时，他会乖乖地听你唱歌，高兴地让你摇摇他。现在，你抱他，他会用力挣开。这个时期的孩子还十分小气，对你的讨好视而不见，不但不让你抱抱，还不让别人动自己的东西。和别的小朋友在一起时，冲突是必然的。你可别指望他懂礼貌，对他来说，迁就别人，实在是很困难的一件事。

❖ 他会和妈妈更亲近，爸爸不要有失落感

这个年龄段的孩子喜欢和大人讲话。当他需要别人帮助的时候，他第一个想到的人就是妈妈。虽然在玩游戏的时候，他也会和爸爸玩得很好，但是，像喂他吃饭、帮他穿衣这样的事情，他会拒绝爸爸的帮助，主动向妈妈求援。

❖ 能理解简单的话，喜欢模仿大人

他已经能够听懂一些简单的话。比如你告诉他"吃饭""穿上鞋子""戴上帽子"等，他都能理解，并且会有所反应。

他开始喜欢模仿大人的样子，做些如扫地、擦桌子一类的"劳动"。不过，你可别指望他能帮你忙，一般结果是越帮越忙。他知道口红是妈妈的，香烟是爸爸的，有的时候还会表现得很乖，主动帮你拿东西，准确率还很高哟！假如你告诉他帮妈妈拿拖鞋，他会很高兴地去找。如果鞋柜太高，他拿不到，就会用小手指给你看，表示拖鞋在那里。

2. 一岁半到一岁九个月：喜欢独来独往，冷漠，以自我为中心

观察一下孩子在一岁半到一岁九个月时在托儿所的语言表现，我们就很容易发现这个年龄段的孩子在语言表达上大多是自言自语。他们在独自玩耍的时候，除了和老师说话，很少和别的小朋友交流。

这个年龄段的孩子，无论是在家还是在托儿所，大人都要认真细心地照管，以免发生危险和伤害。

❖ 喜欢和大人沟通，把别的小朋友当玩具

这个阶段，孩子倾向于和大人沟通，偶尔和爸爸妈妈

或者周围大人说说话，对别的小朋友则没有多大兴趣。一般来说，他将别的小朋友基本看成是无生命的玩具，像抓抓别人头发、戳戳人家眼睛这样的事，一点也不新鲜。不过你可别认为孩子有什么暴力倾向，他只是好奇，他在探索为啥这个圆圆的脑袋上会长出长长的草，还有两个可以闭合的东西呢？这时，如果别的小朋友手里拿着他感兴趣的东西，他会毫不犹豫地一把抢过来，而不会顾及别人的感受。

在他眼里，别的小朋友就如同一个玩具或者家具。他头脑里没有伤害别人的意识，他会用手指挖挖别人的鼻孔，揪揪别人的衣服，可能还会用可爱的小拳头试试这个"东西"是不是结实呢。因为，在他的眼里，小朋友和别的东西是没有区别的。

当他和别的小朋友在一起的时候，一般情况下也是自己一个人玩。当然了，如果他看中了别人手里的东西，或者有其他人来干扰他的时候，那就另当别论了。这个年龄段的孩子，不管有没有和他人在一起，他玩的时间都不会长。不管是在家里，还是在托儿所里，他都喜欢独来独往。经常看到这样的情况：有三五个孩子在一间屋子里玩，可他们一个人占一个角落，好像自己就划分好了地盘，自己玩自己的，互不干涉，好像屋子里就他一个人一样。当然，他也会偶尔

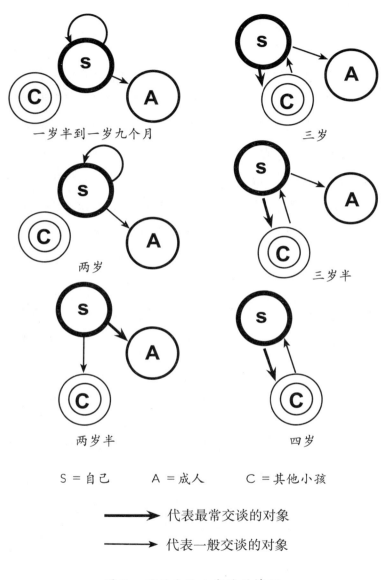

一岁半到一岁九个月

三岁

两岁

三岁半

两岁半

四岁

S = 自己　　　A = 成人　　　C = 其他小孩

➡ 代表最常交谈的对象

➡ 代表一般交谈的对象

图三　孩子和他人交谈的情形

"侵犯"别人的地盘，不过，他可不是有意的，只是自己爬着玩而已，既没有"挑衅"，也没有"友善"的意思。哪怕是两个孩子互相看着，眼神也是漠然的，没有任何感情色彩。

一个一岁半孩子的典型表现就是：不会并排和别的小朋友站在一起，却有可能站在老师的身边。到了一岁九个月时，几个孩子就可能以老师为中心围成一圈了。一般情况下，要等到两岁的时候，他才会和别的小朋友一起玩。不过，这并不表示他会和小朋友友好相处。

"不行！""不要！"这些不友善的话会从他们口中说出。看中别人的东西想要时，会直接说："要，要！"

这个时期的孩子独自玩耍的时间很多，即使他注意别人，对象也会是老师或者其他的较大的人，而对和他一样大的小朋友却视而不见。当然了，就算是大人手中拿着他想要的东西，他也会不打招呼说拿走就拿走的。他还会把自己的玩具拿给你看，简单表达这是什么，如"车""球""帽帽"等。

❖ 模仿能力很强

他也开始模仿大人的动作，但是却不一定会照你的要求做。例如，你给他示范把木钉钉在有洞的木板上，并要求他跟你学的时候，他通常不会按你的要求去做，可能会把木钉还给你，或者干脆扔了。

他遇到困难，需要你帮忙的时候，他会对你大喊大叫，让你马上去帮助他。可当你要他做什么，而他不想做的时候，他会对你摇头说"不"来拒绝。在托儿所里，对保姆或者老师的照顾，他会接受，但并不代表他喜欢你。对于别人的帮助，他认为是应该的。你帮助了他，他可能会看都不看你一眼。

有的一岁半到一岁九个月大的孩子，会喜欢比他更小的孩子。但是，这也只是暂时的，他不会长时间地注意他们。由于每个人的性格和生活环境不同，有的孩子还会嫉妒那些小弟弟小妹妹。

这个年龄段的孩子有很强的模仿力，可以跟比他大的哥哥姐姐学到很多的东西。

如果哥哥姐姐教他说："青蛙呱呱叫，小狗汪汪叫。"或者教他"叫哥哥，叫姐姐"，这时候，他会很配合地说出"呱呱""汪汪""哥哥"或者"姐姐"来。这样可以增加孩子的词汇量，对他的语言发展很有帮助。

然而，一旦他和年龄相仿的小朋友打起架来，那可就不是一件容易解决的事情了。比如，原本那就放着一个玩具，谁也不玩。一旦有一个孩子拿起来玩，另一个就会毫不客气

地去抢。于是，一场冲突就在所难免了。你如果想用大人的
道理来解决这个问题，基本是不可能的。这时候你可以把玩
具收起来，谁也别玩，战争就平息了。

❖ 他的自私和冷漠让爷爷奶奶很失望

面对这个年龄段孩子的自我和冷漠，恐怕最失望难过的
就是爷爷奶奶了。想想他还是婴儿的时候，看着爷爷奶奶就
咯咯地笑，和现在的表现真是不一样呀。爷爷奶奶们，你们
可千万别失望、别着急，孩子这段时间的冷漠和以自我为中
心，都只是暂时的表现；等他长到两岁的时候，一个友善可
爱的孩子就又会出现在你面前。

事实上，在孩子一岁半到两岁的这段时间，好多家长都
会感到束手无策。每一个孩子都用他特有的方式面对问题、
面对人群。有的孩子表现出较强的攻击性，一位妈妈就曾跟
我说："不管让孩子做什么，他都会大声说不要，小小孩子语
气那么坚决。"还有的孩子心情不好时，就会对别人大发脾
气；还有的表现冷漠，甚至用忧愁的眼神看着你。在这半年
里，你会感觉和孩子沟通交流很不容易。不过，不用担心，
你的孩子会有一种他自己独特且叫人惊讶的处理问题的方
式，所以，你别心急，这只是一个过程。

5
Chapter

小习惯，大健康——
父母必须注意的
教养习惯

很多家长从孩子一岁开始，就会训练孩子好的生活习惯，比如按时睡觉、按时吃饭、自己大小便……其实，训练一岁孩子这些日常活动是非常讲技巧的，聪明的妈妈能够掌握最好的训练时机，培养孩子一生受益的好习惯，比如，不挑食。而人一生的安全感也取决于这一年龄阶段。

1. 睡眠习惯决定孩子的 身体成长

❖ 一岁到一岁三个月——睡眠时间减少

在孩子满一周岁之前，他每天都需要在上午和下午各小睡一觉。而在一岁后，孩子们的睡眠减少，只在早上睡一会儿。在一岁三个月的时候，他小睡的时间又会从上午转移到下午，而且至少要睡足两个小时才会醒来。一旦到了午睡的时间，他一定会立刻实施这项安排，并且大多时候都会迅速入眠。

小孩子晚上七八点钟就会入睡。和午睡一样，他们会乖顺地躺下，很快入眠。有些小孩子睡觉的时候不太安稳，很容易在夜里哭闹着醒来，吵着要某人；有些小孩子却很安静，一直睡到天明。在早晨七点到九点之间，他才会在一夜酣眠中醒来。

❖ 一岁半到一岁九个月——午睡和晚上睡觉都很乖

对于大多数处于这个年龄阶段的孩子来说，睡眠是一天当中的必做事项，他会乖乖在你的安排下睡觉。对于小孩子来说，白天的睡眠习惯是非常必要的，并且是每天都不可或缺的一件事。不必担心小孩子会不会在床上玩玩具，一般情况下，只要午睡的时间一到，他就好像早有准备似的，很快就会进入甜美的梦乡。这是一个长长的午睡，一般一个半小时或两个小时后才会醒来。睡眠的感觉似乎非常好，所以小孩子醒来后大都会露出愉快的笑容（就算他的尿布全湿透了）。完全清醒之后，他会努力地挪动地方，因为他要找地方尿尿了。

晚上睡觉也是如此，只要时间一到，他就会乖顺地躺下（类似大孩子跟大人耍脾气、找理由拖延睡觉时间的现象，此时还没有出现）。睡觉之前，他也许会和自己心爱的玩具熊或者布娃娃玩一小会儿。但是，等到了一岁九个月的时候，一些孩子便开始不太听话了。他看上去明明已经睡熟了，但等你一离开，他就会突然醒来叫你继续陪他。相应地，这个阶段孩子的睡眠质量会差一些。

有一些孩子容易在半夜惊醒，但只要你小心哄他，他很快就能再次入睡。由于小孩子们的身体状况不同，所以早上睡醒的时间也不一样，但大部分都会在七点到九点之间起床。有时候他睡醒了不会立刻起来，而是会老实地在床上躺一会儿。当他想起来的时候，就会咿咿呀呀地把爸爸妈妈叫来。还有一种情况，就是在醒来后吵着吃些类似牛奶的东西，等小肚子变得鼓鼓的时候，再爬回床上继续睡觉。一般而言，这时候小孩子的睡眠时间会很长，大约十二个小时。这主要是因为小孩子在白天的活动量过大，他们需要长时间的睡眠来补充体力。

2. 防止孩子挑食的重要时期

❖ 一岁到一岁三个月——不好好吃饭

在这个时期，大部分以母乳为食的婴儿都已经断奶了，在饮食上与大人的一日三餐无异。处于一岁阶段的小孩子，行动虽然不太灵活却非常好动。在你一口一口喂他吃饭时，他往往会淘气地动来动去，边玩边吃。而且如果手里有玩具，他就会乐意合作。当你把饭送到他嘴里时，他会主动张嘴吃掉。在一岁三个月的时候，小孩子终于可以自力更生了。但是他自己吃饭时，总是表现得非常不老实，桌上的饭菜常常被他弄得一塌糊涂，这看上去还不如以前省心呢。自己吃饭的小孩子通常都有一个特点，就是他更喜欢把饭菜抓到自己嘴里，而不是用汤匙这种"怪东西"。

❖ 一岁半到一岁九个月——食量减少，对食物有喜好，是防止挑食的重要时期

在这个阶段，孩子一般不会有和以前一样好的胃口了。他的食量会越来越少，每顿饭吃得也不是很好。一天三顿饭对他而言，似乎是很难达到的要求了。这个时候，小孩子已经不会像以前那样去吸吮奶头或者奶瓶了，而是直接用杯子喝牛奶。但因为用杯子喝的牛奶量比用奶瓶时要少很多，所以，大多数的妈妈还是会给孩子用奶瓶喝奶，而且一天一次。还有些情况呢，则是孩子自己喜欢用奶瓶，坚持要用奶瓶喝奶。

一岁半大的孩子很乖顺，大多不会挑食，你喂他什么，他就吃什么，只是在食用的分量上往往不尽如人意，不会像妈妈预期的那样吃很多。到了一岁九个月的时候，他自身对食物的喜好便开始明朗化了，开始学会拒绝食用不喜欢的食物。对此，我们的看法是，父母们最好尊重孩子在食物方面的偏好，不要强迫他接受他不喜欢的食物。

从此刻开始，他便会努力学习使用汤匙。一岁九个月的孩子会水平式地拿汤匙，他在努力把汤匙送进嘴里的同时，端汤匙的手臂也会跟着抬高，汤匙和嘴巴在同一水平线；只

有在汤匙进到口里的那一刻，才可能会转个角度，而另一只闲下来的小手则会不时地帮点小忙。两只手紧密配合对于孩子来说是非常必要的，不然的话，他无法将停留在嘴边或者是掉出来的食物重新放进汤匙里。

有趣的是，他有时候会先用手把一些食物从碗里抓到汤匙里，然后才心满意足地把汤匙放进口中。当他看到自己喜欢的食物，还会迫不及待地用手去抓呢！

这个阶段的孩子大多数都可以自己用杯子喝水，并且保证不会溢出来。只是有一点比较危险，就是在他喝完水之后会习惯性地把杯子递给妈妈，这时万一妈妈没守在他身边，杯子就会毫无悬念地摔在地上。

一岁九个月的孩子喜欢独立吃饭，但妈妈还是要小心地待在附近，以免发生什么意外状况。虽然说吃饭是为了获取所需营养，但是对于小孩子而言，吃饭也是一种非常有意思的游戏。正因为如此，他才会边吃边玩那些面前的食物或者玩具。例如，有时候他会用木质玩具穿透他手里的三明治，然后才将三明治塞进嘴里；有时候也会把面包撕成碎末。通常情况下，小孩子在吃完一顿饭后，总会弄得满脸、满地都是食物碎末。因此，每当小孩子吃饭的时候，就是妈妈们最头疼的时候。

大多数家长在孩子满六个月的时候就会为他设计专门的食谱，看起来似乎有点早（毕竟能把食物喂进孩子的嘴里就已经很不容易了，还定什么食谱呢）。但是事实并非如此，为孩子设计适合他的食谱，还是越早越好。虽说吃母乳的孩子自然可以获得所需的全部营养，但一旦他不再食用母乳，你就不得不整日为他的饭食忧心了。在这里，我们建议年轻的妈妈们，最好多查阅一些有关幼儿饮食的书籍，也好及早为小孩子提供合口味而又营养丰富的饮食。

在关注孩子的饮食时，除了"营养均衡"这个首要条件之外，还应该考虑到其他方面的问题。譬如，食物中不能有添加剂和防腐剂，不吃零食等垃圾食品，不要喂食口味较重或者热量过高的食物，多吃一些鸡肉、鲜鱼，少食用牛肉等。此外，还有一点至关重要，就是避免孩子养成爱吃甜食、挑食的习惯。

每一个小孩子对食物都有自己的偏好。即使在一岁半这么小的时候，很多孩子对食物的敏感反应也会非常强烈。他们对食物非常挑剔，对别人来说可以接受的食物，对他来说却不可以忍受；大家都吃的东西，他也不一定会吃。如果你发现自己的孩子会习惯性地闹脾气、情绪暴躁或者郁郁寡欢，你就应该注意一下他的饮食习惯了，最好检查一下是不是吃了什么不健康的东西。

　　另外，你还需注意他的饮食是否可以为他提供足够的维生素。你可以向某位经验丰富的过敏症医师或营养师请教一下，也好帮你拟订一份既适合孩子的胃口又能让孩子健康快乐的食谱，这对于孩子以后的成长是非常重要的。

3. 怎样安排孩子的大小便训练

❖ 一岁到一岁三个月——现在强迫孩子使用
马桶还为时过早

让只有一岁大的孩子坐在小马桶上，教他自己大小便，并不是一件轻松的事儿。有的时候，他会乖乖地顺利排便，但有的时候却不会。到满一岁三个月的时候，小孩子才开始真正习惯坐在马桶上排便。一般而言，到了这个年龄阶段的小孩子，大都会十分乖顺地接受这方面的教导。

大多数小孩子（并不是所有的孩子）在睡醒午觉之后，身下的尿布是干的。这个时候，你就可以让他一睡醒便坐到小马桶上，让他录尿。一般情况下，他会听你的话。可是，有的小孩子则喜欢在固定的时间点（例如吃饭后或睡醒后）大小便。

还有些小孩子，往往在你放弃给他使用马桶后才会大小便。一旦他能够在小马桶上顺利排便，你就该及时赞美他，并表达你的欣喜之情。但是切记，一定不要给小孩子太多的压力，要适度而为。

❖ 一岁半到一岁九个月——部分孩子可以开始训练大小便

处于这个阶段的孩子们，大小便的问题是父母最为困扰的。因为大多数妈妈对于这个年龄的孩子期望很高，总希望孩子能够有能力自己照顾自己。但对于大多数孩子而言，谈这些还为时过早。要他们有能力自己处理这些日常生活问题，还需要很长一段时间。

每个小孩子大便的习惯都不一样，但都具有一定的时段性。他可能有些时候喜欢在饭后大便，过些时候又会改在早上或者下午。小孩子这种不定时的大便习惯，会使大人的训练无法顺利进行。这个年龄段的孩子，大多数都会开口说话，或者用手势告诉你他要大便，还有的则直接自己拿来小马桶，这样妈妈就可以轻易知道他的意图。细心的妈妈要注意从孩子的表情或者不同寻常的安静状态去判断他是否要大便了。

训练那些习惯饭后大便的孩子，比那些没有固定时间的孩子要容易得多。在一天当中，他也许会大便两次，时间分别在早餐或者晚餐后。训练那些能及早用语言表达要大便的孩子，要比训练不会说话的孩子快一些。

大便时间不固定的孩子，大多时候会在自己一个人玩耍时（大概在早上十点到十一点之间）大便。如果真的大便了，小孩子会希望妈妈尽快拿新的尿布给他换上，不然的话，他只能带着大便四处乱走，弄得到处都是。但这也没有什么大不了的，只要你给他绑紧尿布，就不会发生你不愿看到的事情了。

小便方面，假如妈妈并不会时常给他嘘尿、训练他坐小马桶，或者是每一次小便时都大张旗鼓、紧张万分的话，一般情况下，这个年龄段的孩子大都能学会坐小马桶了。有的时候，小孩子甚至会向你发出"嗞嗞"的声音，向你传达他想要尿尿的信息。并且，当你问他是不是想要尿尿时，他会用摇头或点头的方式回答你。只是有一点我们必须指出，这个年龄段的孩子如果具备这种行为方式，那就说明他已经很成熟了。

因为处于这个阶段的孩子不具备什么记忆能力，所以，他会很快忘记自己的尿布上面还有大便这件事。于是，他也就不会叫来大人帮他换尿布。但也有一部分孩子会因为身上不舒服而意识到尿布上有粪便这件事。如果小孩子能够注意到他的尿布湿了，或者沾上了什么东西，并且能够叫来大人帮忙换上，这就代表他已经可以接受大小便的正式训练了。假如他一如既往地不动声色，表现得我行我素，那么，你想要训练他的计划恐怕还要继续拖延一段时间。太早训练孩子大小便，会适得其反，引起孩子的反感，所以就算延后训练，也不要操之过急，逼着他做不喜欢的事情。

4. 洗澡和穿脱衣服——
习惯能培养孩子的安全感

❖ 一岁到一岁三个月——喜欢洗澡，不爱穿衣

　　一岁大的孩子大都非常喜欢洗澡，而且也不限定洗澡的时间。所以，父母可以根据自己的时间安排给小孩子洗澡。在孩子一岁三个月的时候，他们大多会有午睡的习惯，所以给孩子洗澡的最佳时间就是在他们晚上睡觉前。这个年龄段的孩子在洗澡时会表现得非常活泼，不是吸吮毛巾上的水，就是把洗澡巾整个盖在自己的头上，有时还会玩他的洗澡玩

具。总而言之，洗澡的这段时间对于孩子来说是非常愉快的时光，他会非常乖顺，不会给你惹来什么麻烦。这个时候一定要注意孩子洗澡的安全，如果他在最喜欢做的事情上遭遇了危险，不仅可能会让他害怕洗澡，还可能因此造成他安全感的缺失。

在穿衣服方面，一岁大的孩子比较容易。如果说有什么困难的话，也是微不足道的一丁点儿。但等到他长到一岁三个月大的时候，你再想给他穿衣服就会困难很多。小孩子总是不听话，动来动去的，不肯配合你。所以妈妈要想给他穿好衣服，就必须先抓牢他，要费好大力气，才能给他穿好衣服。

❖ 一岁半到一岁九个月——洗澡后可能异常兴奋

这个年龄段的孩子，大多数是在睡前洗澡。如果你的孩子洗过澡以后，不但没有因为放松而安静下来，反而变得异常兴奋，那就要提前一段时间给他洗澡。尽管大多数孩子都喜欢洗澡，但也有相当一部分孩子是例外的。这可能是平时一些过于可怕的经历导致他缺乏安全感的缘故，例如，他曾经不小心跌进浴池里，或者曾在浴缸里摔倒过，抑或害怕听到排水口滴水的声音，等等，这些都会成为他害怕洗澡的原因。这个时候，你就可以在浴缸底部垫上几块橡胶垫，来弥补孩子安全感的缺失。

一般而言，给这个年龄段的孩子穿衣服会非常顺利。不过，在给他换尿布的时候会遇到一些麻烦。这个时候，你可以采取一些方法让他配合你，比如，你让他拿着自己的裤子，等你替他换好尿布后，你再让他把裤子递过来。

这个年纪的孩子会慢慢地对穿衣服的过程和动作产生兴趣。当你给他穿衣服的时候，他会尽力配合你的动作，甚至会主动去拿衣服和鞋子，随后自己会把鞋子套上。在孩子一岁半的时候，他脱衣服的能力要比穿衣服的能力强很多。大多数孩子在这个时候都可以自己脱手套、帽子、袜子，甚至拉开拉链了。随着孩子脱衣技术的愈渐娴熟，如果你一个不注意，也许就会看到他光着小身子在屋子里或者庭院里四处乱跑了。小孩子似乎非常享受这种没有任何束缚的感觉，如果你对此比较在意的话，就给他穿一些不容易被脱下来的衣服，或者给他穿一些开口朝后的衣服，也可以用曲别针把衣服小心别起来。

　　每次当大人提议外出的时候，一岁大的孩子都会自发地去拿衣服鞋帽。由此你会发现，这个年龄的小孩子已经开始懂得在外出的时侯如何好好装扮自己了。

6
Chapter

时时处处细心看护——
与一岁孩子相处的技巧

如果说和一岁孩子相处有什么最佳技巧的话，那一定是顺从和迎合。虽然一岁孩子的思维和行为完全没有发育成熟，但正是因为这种状况，他们对一切都无能为力，会把父母当成依靠。作为孩子最亲密的家长，只有顺从他，迎合他的需求，才能养成他们对事物和人的安全感。

本阶段孩子的主要表现

很多人也许不知道，与一岁到两岁的孩子相处和与其他年龄的孩子相处，有着很大的区别，这其中蕴含着很多学问。

在孩子一岁左右的时候，你大概还没有意识到如何管教的问题。你会把大部分注意力放在孩子的日常起居上，喂他吃饭、哄他睡觉、陪他玩耍以及满足他的各种需要，并使自己在这个过程中得到快乐。一些孩子可能会比较容易照料，但绝大多数健康的孩子都希望得到大人更多的关注和鼓励。

总的来说，你还不必为管教孩子的技巧和方法发愁，在这一阶段，他只是需要你时时处处的细心看护。

其实，从孩子蹒跚学步、张开手接触这个世界起，我们就已经在向他发出种种"不可以"的信号了。也许你没有注意到，就连日常的饮食也是有章法可循的，我们往往会从一开始就按照一定的时间表来安排孩子的餐饮。事实上，我们已经在通过这种潜移默化的方式，帮孩子建立起一种自律的观念，慢慢地，他便会意识到有些事可以做，有些事行不通，有些则需要先忍耐。

尽管如此，我们还是很难注意到曾在这些小家伙身上使用了什么管教技巧。很多大人都会直观地认为只有大孩子才需要真正的管教。然而，随着孩子慢慢长大，你会发现事情并不像你想的那样。当他的个子越来越高，力气越来越大，并且硬是不肯听你的话，你将如何处理？等他再大一些，你们的意见难免会出现分歧，到那时你想让他听你的话，就更难了。

一般来说，一岁左右的孩子往往没有什么安全意识，更很少涉及面子问题。所以，如果你对他们使用询问的语气，比如："我们这样行不行？""……好不好？"跟这个阶段的他去商讨，基本上是不会有什么效果的。

也就是说，当孩子处于这个阶段的时候，我们不能一味地去满足、服从他，而是要先大概估计他的能力（生理和心理两方面）已经达到什么程度，他到底能做到多少；你所提出的要求应该尽量在他的能力范围之内。日常生活中，不少父母通常会高估孩子的能力，觉得孩子会说话了，也能自己走动，那么如果对他说"过来"，他自然而然就会（或者应该）乖乖过来的。然而事实并非如此，稍有经验的父母就会知道，孩子很可能不会按照你的话去做。这个时候，也许你会想："他这么不听话，得好好管教一下了。"但换个角度来看，其实是你没有使用适合孩子成熟度的方法来正确地引导他。假如你用的方式恰到好处，且你的孩子个性随和，你便有了五成的胜算，他会照你的话去做。当然，也不排除另外五成失败的概率。

接下来，我们会分两个部分来讨论与孩子相处的方法：第一部分，一岁三个月到一岁半；第二部分，一岁半到一岁九个月。这之中可能会出现一些重复的地方，但还是希望你能参考我们的意见顺利度过这麻烦多多的一年。

1. 一岁三个月到一岁半：以顺从孩子为主

❖ 技巧一：适时地转移孩子的注意力

一般来说，处在这一阶段的孩子，其语言表达能力尚未发展成熟，吐字并不是很清晰，同时还有一些很重要的日常用语需要学习，所以，对他来说，度过这一时期是很辛苦的。他内心往往会产生许多强烈的欲望和需求，无奈却无法表达，无法让别人了解，于是，他只得采取哭闹、喊叫、发脾气等方式来表达自己的挫折感。

这时，作为家长的你可以充分发挥想象力来猜测他想要的是什么。幸运的是，这个年龄段孩子的注意力很容易被转移，比如拿一样新鲜有趣的东西给他，他便会忘记自己最初真正想要的是什么了，并且欣然接受这件新的东西。你也可以尝试着去改变一下周围的环境，例如，把他高高地举起来，或者将他抱到另一个地方，这些都可以使他忘记刚刚的挫折。

❖ 技巧二：善于安排他喜欢的活动

通常情况下，这个年纪的孩子不仅在语言表达上稍显吃力，其行动能力也略有不足。所以，若想让他长时间安安静静地坐在同一个地方玩玩具，他肯定会失去耐心。等到他再大一些，比较有定性的时候，情况自然就会有所好转。

虽然此时的他在行动上略显笨拙，但别忘了，大多数孩子基本上是不需要自己行动的，因为大人往往会推车带他出去散步。有经验的家长不难发现，一旦带着一个在家中不安分的孩子出门，他便可以乖乖地坐在娃娃车里让你推上一个小时，甚至更久。所以，快快擦亮你的眼睛，去发现并把握他所喜欢的活动吧！

❖ 技巧三：布置一个合适的活动环境来满足他的需求

一些家长可能会发现，在这一阶段，要用温情去打动孩子其实是徒劳的。在此之前，他愿意让你搂着他或是给他唱歌。但是现在，你的温情对他来说无疑成了一种限制，因为他已经开始对一切充满好奇，他渴望活动，渴望去探索这个新鲜的世界。这样一来，倘若为他布置一个适合的活动环境（比如秋千），相信对于喜欢运动的他来说会有很大的帮助。

与此同时，孩子在这个时期会对书本和图片产生兴趣，由此，图画书更可以登场了。一般情况下，几本简单的图画书就能让孩子安静地看上十到十五分钟。此外，一些敲打型的玩具（比如木琴），也能够在一定时间内集中孩子的注意力。

❖ 技巧四：安排富有弹性的生活起居

对于日常起居的安排应该尽量富有弹性。当孩子对你所安排的作息时间产生抵触心理时，你可以将此作息时间安排暂停，等他不再抵触时，再继续进行。这样能给你们双方省掉不少麻烦。举例来说，吃饭时，你可以先在他的座位下面铺一张报纸，这样他可以想怎么吃就怎么吃，而你也不用担心掉落的食物会弄脏地面。也许你怕他自己会吃不饱，其实不然，要知道，孩子绝对不会让自己饿肚子的。

❖ 技巧五：偶尔用不辞而别的方式出门办事

孩子在这个时期通常会有些黏人，希望妈妈寸步不离。当你出门办事，或者暂时离开他的视线时，他就会哭闹。不过你可以不必在意这些。换句话说，孩子由于离开妈妈而表现出来的焦虑很容易安抚。你完全可以在他和其他人玩得尽兴时，悄悄地出门，等他注意到妈妈不在身边时，保姆可以对他说"妈妈一会儿就会回来的"，他便不会再计较了。

总之，尽可能地使你的孩子感到满足。然而有些时候会事与愿违，不过没关系，不要泄气，家长们要保持轻松积极的心态。

2. 一岁半到一岁九个月：
还是要顺从，但要有技巧

❖ 技巧一：掌握他的性格以及对失败的 承受能力

这个年龄段的孩子对失败的承受能力往往是最差的，他经常会一扭身坐倒在地，不停地抹眼泪、蹬腿、哭闹一阵，无论你怎么哄他都不行。每当发生这样的状况，最明智也是最适用的方法就是将他抱起来带到其他房间去；或者你走开，让他自己一个人待在房间里，等到他静下来脾气消了，再去理他。

孩子这些激动情绪和行为表现，主要是想让你知道，他碰到了阻碍，遭遇到了不会解决的麻烦，又或是他承受不了了。这些举动也是他能传达自己遇到了麻烦和生气的唯一办法。几乎所有的父母都觉得，要处理好孩子的哭闹让他们安静下来，最可行的办法似乎就是不去搭理他。当然，还有更好的办法，那就是你先掌握孩子的性格，明确他对所遭受困难程度的最大接受能力。所以，每当他遭遇麻烦自己解决不了，又快要承受不住的时候，你就应该马上用其他事物吸引他的注意，让他分心，或者及时地给他帮助，这样就能很好地避免他的火山再次爆发。

❖ 技巧二：分散他的注意力

从实践看来，分散孩子的注意力不失为一个好方法。比如说，该吃饭了你要喂他吃饭，想把他放在他的高脚椅子里，他却怎么也不肯坐下，还很不配合地张牙舞爪，乱吼乱叫。

这个时候，你就应该暂时放弃，先把他抱下来，让他去挑选他看中的东西吃，或者扮怪相和他一起嬉闹玩耍之类的，让他不再为刚才强行让他吃饭而不高兴，然后在玩耍中把他抱到椅子里。要是你和他互不相让杠上了，即便他被你用力逼着坐了下来，可是你在喂他的时候，他肯定还是要侧身转头躲来躲去，而你还要耐心地慢慢哄。

不管遇到以上哪种情况，你最后都会觉察到，分散孩子的注意力是你能掌握的最行之有效的办法。处于这个年龄段的孩子，全身心地专注于一件事情能坚持的时间很短，所以，你如果可以给他找一些另外他所感兴趣的事来转移他的注意力，他就能在短时间内做到脸上挂着泪但是已经在笑了。

不过，要是你没有足够的时间，或者你当时心情也不好完全没有那个耐心去把他逗乐，那这时不理睬他是你最好的选择。当他发现没有人在注意他的一举一动，他的闹腾完全没有吸引到关注，年龄再小的孩子都没有兴趣再表演下去了。

话又说回来，你也不要自认为，只要做好了前面提到的几点，你的孩子就不会再耍脾气、倒在地上哭闹，更不要以为他就不会再发火了。曾经有一位很有经验的母亲，她的孩子也是在这个年龄段，当她的孩子闹脾气，而她自己没有任何东西可以利用让孩子感兴趣并转移他的注意力时，她总是平静地说：不用管他，他只是又在闹脾气而已。

❖ 技巧三：在孩子疲惫前做好准备

疲惫也是孩子发脾气的一个主要原因。只要他休息好了，那些因为累了而产生的烦躁心理很快就会消失。虽然我们的确没有让孩子不会疲惫的办法，但我们能做的就是尽量了解孩子跟我们自己的心理生理状况。只要他表现出了疲惫，你就需要立刻做好准备。

❖ 技巧四：宽容他以及他的能力

要是你可以在事发之前就先做好预防和各种准备，把孩子发脾气可能遇到的情况都避免或者把他发脾气的程度降到最低，那就是最好的了。如果你能对孩子的那点能力和不成熟的程度也能做到事前有个准确的估量，就可以避免对孩子闹脾气行为的失望，对于孩子来说也可以免除失败、麻烦、不顺心烦躁情绪的产生。这个情况就如同孩子正在一条单行道上走着，而你却恰好不习惯这个方向，你喜欢相反的方向，如果这时你让他过来和你走一个方向，他是不会乖乖地按你的要求去做的。可是，只要你对他的有限能力给予宽容，主动地去和孩子走一个方向，你就能获得一些转变的机会，让他顺从你的意见，并朝着你所希望的路走下去。

❖ 技巧五：吸引并抓住他的注意力来达成你的目的

这个年龄段的孩子根本就不会听你讲道理。当他对你的指令置若罔闻的时候，你可以将他强行抱到你想要他去的地方，当然也可以用一些他喜欢的物件，再或者任何他所感兴趣的东西，把他诱惑过去。还有一个办法就是，你背对着他，让他看不见你正在做什么，但是你要弄出一些奇怪而有趣的声响，让他好奇，吸引他走过来看个明白。实际上，如果你能成功吸引他的注意力，你就知道原来可以用很多间接的办法让他对你唯命是从。

❖ 技巧六：经常带他去户外玩玩

不要以为一个十多个月大的孩子会为了让你高兴，而专门去做什么事情来讨好你。实际上他所做的事都是他自己感兴趣的。作为父母，应该轻而易举就能察觉到哪些事情是他所感兴趣的，哪些事情是他所愿意去做的。有些孩子喜欢户外活动，对于这样的孩子，你说一句"宝贝，走，外面玩去了"就能让他很感兴趣。假如他知道"戴上你的帽子"和"出去玩了"之间的联系，你只需要说一句"戴上你的帽子"或者你给他戴上他出去玩时戴的帽子，他就会马上明白你的意图。所以，你要慎重考虑你对孩子的用词，不要用太委婉生硬难懂的字眼，不然孩子可能不能领会你想干什么。

到了户外，他总是怀着强烈的好奇心到处跑跑走走，或者拾起地上他觉得有意思的东西。这个年龄段的孩子对每一件事物都感到很有兴趣。这时要是你不断地催他"快点走，别玩了"是发挥不了什么效果的。你还不如特意和他拉开一段距离，等他发觉你没在他身边，他就会到处张望着找你，然后跑到你身边。

绝大多数这个年龄段的孩子都爱坐娃娃推车出门玩，但是这个时候他不太会愿意理会人（也包括给他推车的你）。他为什么会对这项活动这么感兴趣呢？这是由于一路上的风景不断变化，他可以看到不同的人和事，很多孩子（也包括那些脾气很坏、很难哄的在内）基本上都可以很安静并且很高兴地度过这段安逸的娃娃推车旅行。如果他在户外比在室内待着安静，那你干吗不多带他出去转转？

❖ 技巧七：顺从他"保护领地"的行为

这个年龄段的孩子，有时候会不让人碰他；就算在外面走着的时候，他可能也不愿意你牵着他。这个年龄段的孩子不仅不要人碰他，甚至他坐的椅子有时都不准你碰。要是你碰了，有可能他会和你动手。你千万不要因此而生气，觉得他在排斥你，或者想他怎么敢挑战你的威严而教训他甚至打他，或者你不服气再故意逗他。与此相反，你应该换个思维，尊重他"保护领地"的思想。要是他不准你碰，你就顺从他的想法，把手拿开不去碰，当然你最好跟他说声"对不起"，再或者不给他任何表示，就当作没有发生过什么一样。与此同时，在今后的日子里，你也应该时时告诉自己，孩子也有属于自己的生活空间，我们应该给他这个空间。

❖ 技巧八：做好各种安全保护工作

要是你想让你的孩子在家玩得也很高兴，也不惹事，你就给他准备很多玩具（包括简单、复杂各种种类的）。当然在这期间，也要注意周围是否安全。由于这个年龄段的孩子会推家具玩，再者他也越来越有能力到处攀爬。因此，在他玩耍的时候，他所在的房间里那些他能推得动的家具应该先移走。如果家具有抽屉，那就把抽屉锁上，以免他拉开抽屉拿里面的东西玩。再或者你也可以把能拉开抽屉的那面抵着墙放，另外家里的各种门窗也一定要关好锁死。

而那些可能对孩子造成伤害或者有很大难度的玩具，就必须有大人在身边看着才能玩。书本之类的也要收好，免得他玩着玩着顺手就撕了。应该把插头从插座上拔开，电源最好都切断，实在不行的都应该用东西挡住，免得孩子在玩耍的时候将小的金属物品插进去，有触电的危险。

贵重的物品或者容易打碎的东西都应该放到他够不到的地方。只有等他慢慢长大了，你再教给他"注意""小心""小心弄坏东西""不要随便碰东西"，那时他才可能会听懂，而且才可能进一步理解和接受。然而现在，你所能采取的最可取的办法就是，把这些可能造成危险的东西都藏好，还要把房间里比较不安全的地方都关好，或者在途中设置一些障碍，让他过不去。你可以把有危险的地方隔起来，装个折叠拉门、屏风什么的；或者在卧室门口、楼梯口、厨房门口再装一扇矮门锁好，让他过不去的同时也不影响你自己的行动。

卫生间是绝对不能让他去的地方，你应该在门口装个矮门或者把门锁好。不然的话，不仅那些清洁用品可能会给他造成危害，他还有可能去玩卫生纸并撒得满地都是，更甚者马桶有可能也会遭殃（我们了解到，很多孩子都喜欢马桶，会把东西丢到马桶里面）。

有些时候，孩子感觉他手里拿着不该拿的东西，他就会迅速跑掉，跑的过程中还会把东西扔掉。碰到这样的情况，你不需要恼羞成怒地责怪他。

❖ 技巧九：耐心守候他长大

这个年龄段的孩子，你很难给他做出决定："他现在最好应该做什么？"这一切得考虑到他这时候的身体素质和心智状况。要是他都没有做好准备，你无论怎么给他设计，都不可能会成功。只有你有相当的耐心，和对你孩子的能力进行客观且明智的评估，才能为你以后省下很多的时间和少费很多精力。

对于这个阶段的孩子，我们所说的"管教"其实也不是很重要，你没有必要让孩子必须遵照传统，对你唯命是从，"用最大力量帮他顺顺利利地度过这个阶段"，这才是你应该做的最重要的事。

❖ 技巧十：用简单直接的语言和他沟通

基本上来说，应付这个阶段的孩子，最好的办法就是控制环境。换个说法就是，你通过控制他所在的周围环境来控制他，或者直接把他带到你希望他去的地方。你可以不用嘴巴，反反复复地数落他。这是因为对于现在的他来说，语言目前还不是一个对沟通有力的推动器。要是你想用话语来推动他，也最好使用容易理解容易听懂的字和词，最好不使用那些复杂的句子。曾经有一位母亲说过："你就把他当作机器人，只用输入简单直接的指令。"她说这些，不是说她对孩子不存在感情，恰恰相反，她已经彻底地掌握并接受了孩子幼小、稚嫩、不成熟的本质。

❖ 技巧十一：允许他用行为发泄情绪

比如，同意他吸吮大拇指、吃奶嘴（他完全可能一吸就是几个小时，或者睡前、睡时都在吸），或者放任他拽着他喜欢的毯子。因为这些动作是他寻求安慰、找寻安全感的一种行为。要是你本人对这样的行为很难忍受，你可以制止他，但最好是在你所能容忍的最大限度内允许他这么做。或许他还是留恋着他抱着的奶瓶，从口腔卫生方面来说，这样做确实不好，但要是孩子有要求的话，你也可以让他安安心心地吃饱喝足再睡。"安安心心"地享受片刻难道不是很有价值的事吗？

❖ 技巧十二：安排生活要配合他的作息

你的生活步调应该尽量配合他的作息时间。要是你还想着去过那个"还没有他"的日子，按照你以前的方式过，让他的作息时间迁就你所习惯的时间表，那样的话你的日子将在焦头烂额中度过。

最后一点需要父母们用心记住，当小孩子变得烦躁、极易生气时，很有可能是由于他对某种食物或者某种物品过敏。如果你用尽浑身解数、想尽各种办法都没能让你的孩子高兴起来，那就需要带着他去找医院小儿科的医生检查了。

Chapter

7

一眼就看透——

一岁孩子的心智
能力

很多妈妈从孩子一岁就开始关注他智力的发展，其实，在这个年龄阶段，孩子并没有特别突出的心智表现，他们的所有需求都是通过自己的行为——爬行、微笑、哭闹……表现出来的。可以说，这个阶段的孩子在心智上是一眼就能看透的。

本阶段孩子的主要表现

阿诺·格塞尔博士（Dr. Arnold Geisel）一直以来有一个很重要的主张，那便是：幼儿的心智无须揣摩，因为它是一览无余的。这就是说孩子的任何想法和意念都与他的行动紧密相连，都会通过他的行为表现在我们面前。也就是说，无论孩子做什么事，都是他内在心智的表达。他除了用小嘴巴说出来，还会用调皮的微笑、不停的哭闹、跌跌撞撞走向自己想要的东西等一系列的行为来表现自己内心的想法。通过他的每一个细微的举动，我们都不难猜出他的小脑袋在想些什么。

在孩子心智的发展问题上，瑞士认知心理学家皮亚杰和格塞尔博士的观点恰恰相反。皮亚杰（Jean Piaget）对儿童是如何认知、如何思考的整体发展过程是非常重视的。同时，他认为研究孩子心智问题的基础应该是孩子所说的话。与此相反，格塞尔博士强调不能把孩子的外在肢体行动和他表明自己意愿的语言分割开来，这两者是一个紧密联系的整体。这样看来，每一个孩子，从他离开母体来到这个世界自己独立呼吸开始，他的思想活动就已经在他的头脑中存在并不断发展了。言外之意就是孩子牙牙学语之前，他的大脑早就开始工作了。

孩子经历的第一个生日，对他来说意义是很重大的，并且，这一天对每一个家庭来说，也是一个值得庆祝、值得祈福的重要日子。然而，大部分家庭为了热闹和高兴会请很多客人，其实，这对孩子的成长是很不利的。那么多陌生的面孔注视着自己，小宝贝会感到很害怕、很疑惑、很无助的。简单一点，真诚一点，有熟悉的亲人陪着自己，用一个别致的生日蛋糕，插上一根红蜡烛，那是让孩子最开心、最难忘的方式。

事实上，从行为学的角度来看，孩子的第一个生日对他来说并没有特别重大的意义。相比而言比较重要的是，孩子在九个月、十个月大时，会伴随着一些新奇的、有具体意义的行为出现。比如说，他会像小壁虎一样匍匐着向自己的目标前进，还会用自己比较灵活的小手抓一些零零碎碎的小东西。当孩子十一个月大时，他会自己小心翼翼地扶着自己小床的围栏蹒跚前行。慢慢再过一段时间（到一周岁零两三个礼拜），孩子就会随口说出二至三个字。当他长到一岁三个月时，他就会毫不费力地将两块小积木正确地叠在一起了。

可是，在宝贝过周岁生日的那个礼拜，一些新奇的让大人惊喜的行为是很少出现的。这个时候的孩子会努力把两块积木搭好，然而，往往会以失败告终。他多么希望自己能一下子把一个小球顺利地塞进瓶子里，但结果总是不成功。同时，一周岁的孩子大多数还不能自己稳稳地在地上行走。一般情况下，他还需要有一只手在旁边搀扶着摇摇摆摆的自己。在语言方面，满一周岁时，孩子还不能灵活地说出两个字以上的词或句子，当然，"爸爸""妈妈"除外。

本文前面曾说过，孩子隐性的心智在他爬行、微笑、哭闹等行为活动时同样也在进行。然而，值得提出的是，刚满周岁的孩子，还没有什么具体显露出让我们特别重视的心智表现，在认知方面更是没有什么突出表现。

1. 少关注"智商"，
多关注"成熟度"

　　或许只有在孩子开始读小学的时候，我们才会关注他的智商到底怎么样。例如，他是非常聪明的"小天才"，还是有着很好的天赋？或者他比较平凡，又或者资质在一般人之下？在他刚刚长到一岁的阶段，我们是不用特别在意他的智商的（尽管在每位家长心中，孩子都是出类拔萃的"小神童"）。

　　虽然现在我们无须过多注意孩子的智能表现（这样的年龄也委实看不出什么来），可小家伙的行为成熟度却需要你特别注意仔细观察。因为了解了这些，对于你的教育方式是很有帮助的。举例来讲，如果一个一岁半大的孩子的行为语言表现和一个一岁九个月大的孩子一样，那么你对待他就要像比他实际年龄大一点的孩子那样。反之，如果这个一岁半的孩子行为举止表现得像比他小几个月的孩子，那我们就要对他降低一点期望值 要求低一点，这样对我们自己和孩子都是有益的。

等到孩子到了该上幼儿园的年纪，对他行为成熟度的关注就必须提上日程了。如果我们有一个五岁的孩子，照常理该送他去学前班了，但如果他的行为表现还像一个四岁或四岁半的孩子，那我们就要考虑是不是过段时间再送他去学前班。尤其对那些发育较晚的男孩儿，更要特别留意。只有你清楚地了解了孩子的行为成熟程度，才会对他有一个合理的期望值，而不至于因为期望过高而产生过多失望。

研究儿童心理的许多专家都有各自测试孩子成熟度的方法，由此来确定孩子所表现出来的行为成熟度。我们要为大家介绍的是格塞尔博士的测试方法。

表一　格塞尔婴儿能力发展表

肢体动作方面

1. 十一个月

★ 将积木单个分开来玩。

★ 当面前摆放着圆珠和瓶子时，只玩圆珠。

★ 会从洞里拿出圆形的积木。

★ 能用拇指和食指把圆珠抓在手里。

★ 坐着的时候，能够侧转上半身。

★ 能扶着婴儿床的栏杆站立片刻。

2. 十二个月

★ 会尝试着把两块积木叠起来（但总是以失败告终）。

★ 用力把一个方块放进杯子里。

★ 会用小手拉摇铃的线，让其发出声音。

★ 非常好奇地看着圆形洞。

★ 在大人一只手的搀扶下，就能走路。

3. 一岁一个月

★ 不需要大人的指导和示范，能把方块放进杯子里。

★ 会像大人一样，在纸上胡乱涂写。

（续表）

★ 会在大人的示范下，把圆形积木放到圆洞里面。

★ 一只手能同时拿起两块积木。

★ 能够自己独自站立一会儿。

语言方面

1. 十一个月

★ 会说"妈妈""爸爸"。

2. 十二个月

★ 除了会说"爸爸""妈妈"外，还增加了两个词汇。

3. 一岁一个月

★ 能说三到四个词汇。

★ 知道一些东西叫什么。

人际关系方面

1. 十一个月

★ 能自己把玩具拿到栏杆边。

2. 十二个月

★ 能自己拿球去照镜子。

★ 在家人为其穿脱衣服时，表现得很配合。

3. 一岁一个月

★ 能轻轻地把球抛给大人。

表二　格塞尔婴儿能力发展表

肢体动作方面

1. 一岁三个月

★ 能走几步路，但一般是走一步，停一步，一旦稍微不稳，就容易跌倒。

★ 不再像以前一样喜欢爬行了。

★ 能沿着阶梯上上下下爬来爬去。

★ 能自己叠起两块积木。

2. 一岁半

★ 走路越来越稳当，很少会摔倒。

★ 能小距离地快步走，也可以很僵硬地小跑几步。

★ 能在一只手的搀扶下，慢慢走上楼梯。

★ 能够自己坐到小椅子上。

★ 能够爬到大人的座椅上去。

★ 会抛球，也能踢得动稍微大一点的球。

★ 能自己翻书，但一般是一次就翻两三页。

3. 一岁九个月

★ 能蹲下来玩儿。

★ 能一只手扶着，从楼梯上慢慢走下来。

（续表）

★ 能抓着栏杆，慢慢沿着楼梯走上去。
★ 会在大人的示范下踢球。
★ 能把五六块积木叠起来。

协调适应方面

1. 一岁三个月

★ 能把放进杯子里的方块从里面倒出来。

★ 能在大人的示范下，用笔画一条横线。

★ 在没有人示范的情况下，自己能把圆形的积木放进圆形的洞里。

2. 一岁半

★ 能把三四块积木叠起来。

★ 能把十个方块一个个丢进杯子里。

★ 能用笔随意在纸上涂涂画画。

★ 能模仿大人的笔画。

★ 能将圆形、方形、三角形的积木叠在一起。

3. 一岁九个月

★ 能把五六块积木叠起来。

★ 能把积木横着排在一起，就像是在堆火车。

★ 能在别人的示范下折纸。

★ 能把两块或三块积木摆进正确的洞里。

语言方面

1. 一岁三个月

★ 能够说四到六个字（包括名字）。

★ 开始使用自己的童语说话。

★ 能指着图画书上的图片，也能拍打它。

2. 一岁半

★ 会有选择地看书中的某些内容。

★ 能够说到十个字（包括名字）。

★ 能够说"球"字。

★ 能辨别两个方向，并进行丢球动作。

3. 一岁九个月

★ 能够说大约十二个字。

★ 能说两三个字组成的短句。

★ 能辨别三个方向，并进行丢球动作。

人际关系方面

1. 一岁三个月

★ 不再喜欢用奶瓶。

（续表）

★ 不让别人拿自己的盘子。
★ 会说"爸爸""妈妈"和其他一些字和别人交流。
★ 会说一些口语或借助手势来告诉你，他想要什么。
★ 能把自己的玩具拿给别人看，或者给别人玩。
★ 不想做某件事时，会把玩具丢出去。
2.一岁半
★ 能够把空碗递给妈妈。
★ 能够自己吃一点饭，但常常撒得到处都是。
★ 能够控制大便。
★ 能够拉着某件玩具的线到处走。
★ 能够抱着洋娃娃或其他的玩偶自己玩儿。
3.一岁九个月
★ 能很稳当地握着杯子。
★ 能够向大人传达自己吃、喝、上厕所的信息。
★ 能够重复别人说过的话中的两到三个字。
★ 能够拉着别人去看一件东西。
★ 能够感觉到尿布上有大便。

一般情况下，测试需要用到的一些特别制作的工具不容易得到（比如专门制作的纸板、圆珠、瓶子等），其实家长在没有专业人员指导的情况下，是不应该对孩子进行测试的。但是，这些测试实现起来并不困难，即便没有专业知识也能操作。因此，如果家长很感兴趣，可以参照表一和表二进行测试。

　　从这两个表中，我们可以看到，在通常情况下，孩子在十一个月、十二个月、一岁一个月、一岁三个月、一岁半和一岁九个月的时候分别会有怎样的表现。有了这两个表的帮助，我们就可以大概了解孩子的发展快慢情况了。

　　当然也有这样的情况：孩子所表现出来的行为举止比表中呈现的稍微有些超前或者滞后。需要注意的是，通常男孩要比女孩在行为举止方面发展缓慢。你的孩子在部分项目上的表现优于其他同龄的孩子，而在其他一些项目上的表现比同龄孩子差，这属于正常情况。

　　另外，不要忘了，孩子行为的成熟度与他的智商高低不一定成正比，例如一个智商高的孩子可能在行为成熟度上比别人明显落后。可以这样理解：如果表中的标准孩子绝大多数都能达到，那他就是一个正常发展的孩子；如果有大部分标准他还不能达到，那说明他应该有正常的智商，只不过比一般孩子发展得慢点。请记住：举止行为表现得是否成熟，与智商没有必然联系，不可一概而论。

只是如果你的孩子行为太过滞后，例如，他一岁半了仍然不会走、不会发出声音、不知道拿任何东西，也不能明白你的意思和话语，抑或是他非常明显地落后于其他同龄幼儿，此时，你就必须特别注意了。你需要去找专业人士，比如小儿科的医师或更专业的儿童专家咨询，他们会给出指导建议或帮助。

2. 心智能力——时间概念

❖ 一岁到一岁三个月——不要因你的行为
使孩子越来越不好带

一岁大的孩子，对时间已经有了些许概念。虽然他们还不能准确理解时间的长短，但意识里已经有了事情的先后次序。当他感到肚子饿时，就会对着妈妈张开嘴，表示自己饿了。当他需要别人抱的时候，会张开两手，表现出顺从的姿势，也好让别人抱起他。

从一岁到一岁三个月这段时间，他会故意把东西丢在地上，而且眼睛还会一直盯着它看。这时候你如果帮他捡起来，他还会重新扔出去，再让你捡起来。如果没有人帮他捡起，他会用语言或者手势告诉你，东西掉了。

从这里不难看出，这个时候的孩子已经有了一些判断能力。他意识里可能明白，哭闹可以帮助他达到目的。他也明白一些事情的发生会出现一些结果。当然了，这时孩子的时间概念，到底达到了什么程度，谁也说不清楚。不过实践证实了一点，如果孩子长时间哭闹，而大人没有任何的反应，时间长了，孩子会越来越不好带，越来越爱哭。

❖ 一岁半——孩子有了先后因果概念

时间概念在一岁半孩子的意识里，用一个词可以概括：现在。他如果看中了什么东西，他一定是"现在"就要，一分钟都不等。不管你怎么和他说"等一下"，"一会儿就好"，他一点也不理解，就是要现在达到目的。因为他对这些时间单位没有一点儿概念。如果你对他说今天我们去干嘛，那等于没有说。

不过，他已经对一些生活中的事有了先后因果概念。比如看到果汁或者别的食物时，不用别人说，他就会自己坐到每次妈妈喂饭的地方等着，他知道大人会来喂他。

❖ 一岁九个月——开始萌发"未来"的概念

经过三个月的时间，虽然一岁九个月的孩子依然对外界表示出的是"现在"的概念，但是，他们的头脑里已经开始萌发出"未来"的概念。这时候你对他说"等一等"，他会暂时止住哭闹，等一会儿。他对时间的概念比以前已经有了更好的理解。比如，他可能会和另一个同龄的孩子有节奏地晃动身体；当看到你为他准备食物的时候，会坐着乖乖地等着。

他也比以前更明白了事情的先后顺序。比如，看到爸爸把浴巾围在脖子上，他会说："爸爸要洗澡。"看到妈妈穿外衣，换鞋子，他会高兴地等在门口，说："嘟嘟，车来了！"或者是："走……走……走。"

3. 心智能力——空间概念

❖ 九个月到一岁三个月——开始有空间概念

关于新生儿对空间的认识情况，我们暂时还没有办法更加详细了解。格塞尔博士就这个问题提出了自己的看法：

新生儿对空间的认识刚开始是片面的，是不连贯的，没有距离感和深度概念，没有整体的感觉。他能感受的只是和他有关联的空间信息。整个世界就如同一张幕布出现在他的面前。随着时间的推移，等到九个月大的时候，他的思维才会向四周探索，继而开始明白客观世界里各个部分之间的联系。

你会发现，这个年龄段的孩子，会把小手伸进空杯子里。这就表明他们已经发现了第三度空间。在他的眼中，空间开始立体化，有远近，有深浅，不再是平平的一块。经过他自己不断与物品的接触，他渐渐开始明白空间的各种性质。一岁左右的孩子，会试图将一块积木放在另一块积木上，或者将一块小积木放进盒子里，甚至想将一小块糖果放回到罐子里。虽然成功的机会不大，但他们很感兴趣。

等到了一岁三个月的时候，你会发现他们的动手能力已经有了很大提高。他们可以叠起两块积木，甚至三块，还能把一块圆形积木放进小小的圆形图板洞里。

❖ 一岁半——开始认识方向和空间

到了一岁半，时间在他们的意识里就是"现在"，空间就是"这里"。空间感对于他可能更具体一点。事实上，一岁左右的时候，他就已经会伸出小手要你抱了。这就是空间感的表现。

经过几个月的学习，他已经可以很清楚地认识一些表示方向和空间的词，如上、下、来、去、开、关、不见了、没有了等。而且他们开始使用具有空间意义的词表达自己的想法。比如，当某样东西掉在地上时，他会说："掉掉。"如果你问爸爸在哪里，他会四处找一找，然后指给你看。如果爸爸不在，他会表达说"不在"。

如果你问他关于方向的问题，他会用小手指给你看，或者用眼睛望着那里。他还可以按照你的意思，把球放在椅子上，或者把球递给妈妈。

❖ 一岁九个月——增强了对空间的认识，可以玩捉迷藏了

到了一岁九个月，虽然只是三个月时间，但是孩子却明显增强了对空间概念的认识，特别是那些表示空间意义的词，他已经理解和掌握得很好了。他会在和你交流或者自己玩耍的时候，很自然地用这些词语去表达。如果他喜欢的玩具找不到了，或者喜欢的人离开了他，他就会用"没有了"和"不在"来表达自己的想法。这方面发展快的孩子，甚至可以在大人的引导下，和别人玩捉迷藏的游戏。这时候，他一般等不及别人藏好，就已经睁开了眼睛。他会记住第一次找到人的地方，第二次还会去那里寻找。找不到时，还会细心地听周围的声音，然后开心地循声去找。如果这时是他

躲，大多时候，不用别人来找，他自己就出来了。

　　如果听到一些感兴趣的声音，他会模仿，比如他会回应小狗小猫的叫声。这时候的他已经可以帮你找东西了，你问他熟悉的家里的东西放哪里，他会指给你看。如果是他自己放的，还会自己找出来，拿给你。

4. 自我概念

❖ 一岁——喜欢照镜子是有自我意识的表现

一岁大的孩子怎样看待自我，我们成人的世界是无法完全了解的。不过，我可以告诉你，这个年龄段的孩子，有自己小小的天地。他们已经学会了走路，当然也有个别的孩子还走得不稳。他们对在地上爬情有独钟，他们喜欢爬着玩，爬着去追赶滚动的皮球，也会站起来，沿着床沿走。

对自己喜欢的玩具，他会把它放进大箱子里，然后再拿出来，如此反复，乐此不疲。他愿意让熟悉的爸爸妈妈或者爷爷奶奶陪在身边，很高兴地向你展示他新学会的一些动作，如挥手再见、拍手等。

这时候的孩子已经有了一点自我意识。对于镜子中的自己，他会产生浓厚的兴趣。他会很亲热地拍拍镜子中的另一个自己，甚至会亲亲那个自己。他好像已经意识到了，自己一动，镜子里的那个小人也会跟着动。

❖ 一岁三个月——对一切都感兴趣

过了三个月，孩子比以前胆大，也不再那么害羞。他对周围的一切都感兴趣。比如走在街上，他会捡起一些树叶，甚至是一些垃圾。对于他感兴趣的动作，他都开始模仿，所有的人都成了他模仿的对象。对家里的东西，也是兴趣十足。特别是对垃圾桶里的杂物，特别感兴趣。总想倒出来看看里面到底有些什么宝贝。这时候，他站在镜子面前，不会再像以前一样和镜子里的自己玩了，而是把注意力放在了镜子中那个小人的脸上。他的观察更加细腻，会把手指贴在镜子上，然后看着移动的指尖。

❖ 一岁半——以自我为中心和唱反调

到了一岁半，孩子开始以自我为中心。他们的行为和语言都是孤立的，如同一个小小的独行侠。他绝大部分的反应都围绕自己，基本不和别人交流，当然偶尔也和爸爸妈妈亲热一下。

对于不熟悉的人，他会排斥。和不很熟的人交流，往往处于被动状态，一般不会主动和别人打招呼。一般情况下，对于周围的小朋友，他不太注意。但当他看中别人手里的东西时，就会不顾一切地抢过来。当别人挡了他的路的时候，他会毫不客气地把人家推开。

一岁半的孩子偏爱和别人唱反调，好像这样可以巩固他的地位一样。自我为中心是他的特点，当然偶尔也会和别人亲热一下。从这个时期开始，孩子已经知道，有些东西就属于他自己所有。他会要求自己的这些"私人财产"有固定放的地方，甚至不允许别人动一下。

❖ 一岁九个月——常用"我的"来表达自我意识

孩子一岁半时，常常以否定、拒绝别人来肯定自己，似乎对自我的肯定就是用否定别人来表现的。那个时候，他的口头禅是"不行"。到了一岁九个月大时，他的自我意识表现方式开始转变，通常以坚持对物品的所有权来表达，口头禅变成了"我的"。到两岁的时候自我的表达，又发展成了引起别人的注意。如："你看看，我的新鞋。""你看，我会……"以此来引起别人的注意。

到了一岁半，你告诉他鼻子、眼睛、耳朵的位置，然后要他指出来，他会正确地指给你看，还会指出你身上各个器官的位置。

这个年龄段的孩子，不但对自己的玩具或者食物等都表现出了很强的占有欲，还很清楚这些东西的主人是谁。从这些表现都可以看出，他已经具有了一定的自我概念。他明白，属于自己的东西，就是代表了自己的一部分。

5. 幽默感

❖ 一岁到一岁三个月——幽默感的萌芽期

对于一岁到一岁三个月孩子的幽默感，目前这类研究还不是很多。一般这么大的孩子，只要身体没问题，总是喜欢笑。他每天生活在愉快的氛围里，没有烦恼和忧愁。即使被大人推倒在地上，也会笑得很开心；当大人装模作样地逗他的时候，他会开怀大笑；在玩一些游戏的时候，他也会兴奋地笑起来。

不过，这是不是"幽默感"呢？也许只能算是萌芽吧。他的微笑和大笑，与真正的幽默感不是一回事。

❖ 一岁半——孩子成了严肃的小人儿

到了一岁半，大多数孩子会以自我为中心，拒绝与别人交流；只有在自己玩耍的时候，才会自娱自乐地笑。

当遇到下面这些情况的时候，他会不自觉地笑起来。比如，当他推动了玩具或者家具的时候，当他故意把东西扔在地上的时候，或者用力按响皮鸭子的时候。另一种能让他笑的情况就是：当他心情很好时，会主动向别人展示自己的玩具或者展示自己的一种动作。他会做个鬼脸给你看，或者张开嘴让你看口中塞满的食物。这个时候，他会微笑着对你，告诉你这是他认为很有意思的一件事。如果你碰巧看见他要把手指放进嘴里，他会把手指移动到头上，装作拍头发的样子。你看看，他是多么的聪明可爱呀！通过实际观察，我们发现，一岁半的孩子很少笑出声来，平均六分钟笑一次，仅限于微笑。真可以说他们完全是一群严肃的小人儿了。

❖ 一岁九个月——与大人交流成了孩子快乐的源泉

经过短短的三个月，在幽默感方面，一岁九个月的孩子已经比一岁半的孩子有了明显改变。与大人交流，是让他开怀大笑的主要原因。这样的时候会越来越多，而身体的运动引起的快乐却处于了次要地位。这个时期，对于动作大又强而有力的活动，他会表现得十分开心。比如，你把他荡得很高，或者看到公路上飞快行驶的小汽车，或者用尽力气把东西移动地方，这些都能让他开心地大笑。

根据调查显示，一个一岁九个月大的孩子，平均四分钟微笑一次。特别是和老师交流是他最容易发笑的时候。比如，给老师指出画册里的某件物品，向老师展示玩具的玩法等。从这些不难看出，这个年龄段的孩子，主动和大人交流、向大人展示物品、吸引大人对自己的关注，是他快乐的源泉。

❖ 孩子的智商能提高吗?

每个父母都希望能教导出一个聪明可爱、乖巧懂事的孩子，这是可以理解的。只要我们方法得当，对孩子进行引导教育没有任何问题。不过，现在人们经常会看到一些书籍，诸如《如何激发孩子的聪明潜质》《提高孩子智力宝典》《如何教出更聪明的孩子》《如何教孩子学知识更有效》等，总是会给做父母的造成一定的心理压力。

的确，良好的教导对发掘孩子的潜能非常有益，也可以为孩子提供一个知识氛围浓厚的成长环境。但是，要把一个一岁多的幼儿培养成全能型的"全才"，这简直是天方夜谭。况且，孩子从娘胎里带来的天赋，也不会因为我们的所作所为就有所改变。

虽说市面上充斥着一些毫无内容的荒谬书籍，但也有一些书的确能够为年轻父母解疑释惑。这些书会详细指导父母怎样与孩子一起做亲子游戏，怎样和他一起玩球，怎样与孩子交流沟通，等等。如果你是没有任何教子经验的年轻父母，又不知道该如何与你的小孩儿愉快相处，就一定要找这些书来看。虽然在教导孩子的过程中我们不提倡父母过分刻意的说教，但毋庸置疑，作为孩子的启蒙老师，父母在最初为孩子创造一个对他有刺激氛围的环境非常有益处。你要与他多说话、和他一起做游戏、给他唱歌、让他感觉到你对他的关爱和注意，这些工作是必不可少的。

当一个一岁半大的孩子用身体感知身边的事物时，他的大脑也没有闲着，时时都在认知他所接触的任何东西。此时的孩子是一个对任何东西都好奇的探险家，总在一刻不停地审视他所接触的事物。

专门研究儿童心理学的专家费兹赫·道森说过，一开始的时候就念书给孩子听，是让他们的大脑变得活跃、刺激他日后对阅读产生浓厚兴趣的最有效的方法。念书给他听的时间从他一岁三个月或一岁半大开始，是一点也不早的（我认为他的说法是很有道理的）。虽然当你再问他关于听到的内容时，他会毫无感觉或者最多把书中简单的图片指给你看，但这种方法确实能让孩子对书本产生良好的兴趣。当然，这也要视情况而定，有的幼儿一开始就对父母念的内容表现出极大的兴趣，而有的却不喜欢听。即便是这样，我们还是应当经常尝试给他读书；如果他听不进去，可以过段时间再试试。

除了以上说的"听书法"，还有一些其他的方法可以帮助父母教导孩子：

★ 与孩子在很自然的语言环境中进行交流。举例来说，像与其他成人说话一样跟他说话，像与朋友在一起一样和他大笑，偶尔对他说过的话进行重复等。

★ 留出他自己玩玩具的时间。可以买一些适合他这个年龄的孩子玩的玩具，让他单独享受玩的过程。你可以在旁边观察，但不要时时想要参与到他的活动中来。

★ 学着发现他对什么最感兴趣，然后尽量去满足他。有时候，孩子喜欢的可能是你和他一起发出一个声音；有时候，他可能对一个会旋转的车轮很感兴趣。

★ 尽量让他自己拿一些物件给你，并和他一起观察这个物件的特征，这是自然而然认知事物的好方法。

★ 可以为孩子准备一些能够益智的玩具。比如大小不一、颜色不同的层层圈，但是不要强迫孩子一定要按照你的规则玩，要给他足够的空间让他按自己的方式玩。多让孩子运动四肢，可以让他慢慢练习上楼下楼，带他玩秋千，堆起高高的积木让他推倒然后再堆起来。

★ 带他到外面散步或游玩，一边走一边告诉他沿路遇到的东西是什么，比如说路边的这棵树很高大，对面有一位很可爱的小孩子，路上跑的是大汽车，等等。

★ 末了，有的家长可能不同意，但让孩子适

当地看一点电视，会让他感受新奇的声光世界，
带给他新鲜感。

在孩子成长过程中，帮他认知身边的各种事物，是一件
非常有意思的事情。千万不要像正规教学那样规规矩矩地来
完成这件事情，也不要把这项工作看作单纯为提高孩子认知
事物的能力去做的。你应该把它看作自然而然的事情，在无
心和无意的状态下教他认识事物，而不能强加或灌输。

Chapter

因材施教——
体形、健康、性别
影响孩子的教养

很多妈妈都希望有放之四海皆准的教养方法，但每个孩子都是不同的，因而因材施教显得特别重要。因材施教并不是要从上学时开始，而是要从婴幼儿时开始；因材施教不仅要根据孩子的不同性格采取不同的教养方法，而且要详细分析孩子的体形、健康、性别，然后区别教养。本章就是不同科学家给家长们提供的不同的因材施教方法。

本阶段孩子的主要表现

我们每个人都是作为一个独立的个体而存在的，都具有与其他人区别开来的特点。古往今来，世界上任何两个人都是不一样的，即使是在一般人看来最为相像的同卵双胞胎，也总有相互区别之处。

因此，本书中所描写的"典型"的一岁孩子，可能会与你目前正好一岁多的孩子在各个方面都有所偏差：在行为表现上，他可能比典型的一岁孩子要略微超前，但也有可能比较落后；在性格特征上，他可能比典型的一岁孩子更乐观开朗，但也有可能比较郁郁寡欢；在情绪情感上，他可能比典型的一岁孩子起伏较大，但也有可能比较稳定；在人际关系上，他可能比典型的一岁孩子更为随和友善，但也有可能比较孤独怪异；等等。这些都是正常现象。

在此，我们要特别提醒家长朋友们两点：

（一）试着了解你的孩子，努力接纳他的本来面目。

（二）不要因为孩子一时的表现而感到庆幸或是感到懊恼。

有些专家学者在提醒家长注意自己的教养方式时经常说："子女的潜能能否得到完全发挥，关键在于父母的教养方式是否正确。"但是，如果你的教养方式完全没有问题，而子女的潜能却没有得到你预期的那般完美的发挥，这就不是你的问题了，而是孩子潜能的问题了。每个孩子潜藏着不同程度的潜能，而这些潜能都是先天的，你不能依靠外力而去改变它。

1. 根据孩子的三种不同体形
   因材施教

　　日常生活中，我们经常会遇到各种性格的人。有的人风风火火，有的人谨小慎微，有的人风趣幽默，有的人沉默寡言，等等。事实上，不仅成人有非常鲜明的性格特征，我们的孩子也有各种不同的性格：有些孩子成天调皮捣蛋，一会儿也不让家长省心；有些孩子则伶俐乖巧，让家长十分得意。就像我们和不同性格的成人打交道，方式会因人而异，教育培养孩子也要遵循同样的方法。面对性格千奇百怪的孩子，我们首先要做的就是全面地了解孩子的性格，在尊重他们本性的基础上，引导他们去发挥自己的潜能。

　　然而，孩子是否最终成才，先天的禀赋和性格因素起着极其重要的作用。所以，不要因为你有一个聪明伶俐、活泼开朗的孩子而沾沾自喜，也不要因为你有一个脾气倔强暴躁、反应迟钝的孩子而自怨自艾。事实上，这两样都是先天决定的。

正因为性格在人一生的发展中都占有极为重要的地位，所以引来了无数科学家对它进行分类研究。而从不同的角度又可以将性格分为不同的类别。多年来，形成了多种分类方法。其中，威廉·谢尔登博士（Dr. William Sheldon）的体形分类学说是被人广为接受的一种。

据谢尔登博士研究，人类的身体结构和他的行为取向之间存在着相互关联。也就是说，身体结构的功能可以通过行为表现出来。据此，他在《体形心理学》一书中，将人类的性格与体形联系起来，以三种主要的体形来代表人类的性格。不过，他同时指出，实际生活中并不存在任何一种体形的绝对代表，因为在每一个人身上都能或多或少找到这三种类型的一部分特征，只是具体到某一个人时，某一种类型可能表现得最明显，是这个人的主要类型，而这个主要类型就决定了他的性格和行为取向。

这三种类形分别是体形为圆形的人、体形为方形的人、体形为长形的人。

圆形的人在体形上的主要特点是短胳膊短腿，看起来圆圆乎乎的。

方形的人总体上看起来，孔武有力，比较壮硕。

长形的人则基本上属于身材高挑纤细的那一类人。

在行为取向和性格方面，圆形的人几乎是好吃懒做，遇到困难自己不去主动克服，而倾向于向他人求助。方形的人活泼好动，遇事也不退缩，积极主动地应付。长形的人则喜欢观察和思考，但生性孤僻，总愿意离群索居。

一般来说，在孩子长到一岁半时，他属于哪一型就可以大略判断出来了。那些圆形的孩子表现得随和友善；方形的孩子则活泼好动，吵闹声最大；长形的孩子往往是那些最爱挑三拣四的。

家长朋友们可以根据孩子的这些特点，来对他们未来的发展状况做出大致的预测，以免形成不适合的期待。

可以想象得出，那些长得胖乎乎、非常可爱的圆形孩子，对美食比较感兴趣，在为人处事方面，比较随和踏实，不易与人发生争执；那些长得比较匀称、血气十足的方形孩子，活泼好动，总是安静不下来，而且他们争强好胜，具有顽强的拼搏精神；而那些身体削瘦、生性孤僻的长形孩子，则没有什么明显热衷的事物，但他们善于观察，勤于思考。

　　总的来说，哪一种体形的孩子都有他们明显的优缺点，所以也没有好坏之分。但是，作为家长朋友可能会有自己偏爱的那一种。然而孩子天生如此，我们是改变不了的。

　　从某种程度上看，谢尔登博士的理论带有几分宿命论的倾向，孩子们生而如此，做家长的只能干看着，却一点忙也帮不上。事实则不是这样的，因为当我们对孩子的天性越了解时，我们就越清楚我们该期望孩子做些什么，不该期望孩子做些什么，从而帮助他们获得更好的发展。

　　比方说，对于一个生性沉稳但有些懒散的圆形孩子，你可以鼓励他积极活泼一点。再比方说，对于一个过分活跃，不太安分的方形孩子，你可以帮助他稳重踏实一点。又比如说，对于一个腼腆害羞，有些孤僻的长形孩子，你可以鼓舞他的信心，使他合群一点。由于孩子先天性情所限，试图使他改头换面是不可能的，但这些努力还是可以发挥一定的作用的。

2. 五级健康影响孩子的性格
及行为取向

健康等级学说是由雷登·史密斯博士（Dr. Lender H.
Smith）首先提出的，他把健康情形作为对孩子进行评断的标
准，从高到低划分了五个等级。他认为，健康状况同样会影
响孩子的性格及行为取向。

❖ 第一等级——健康又顺利

属于第一等级健康的孩子，从母亲孕育他们开始到他们
长大成人，几乎没有患过什么疾病，也没有受过什么伤痛。
孕育他们时，母亲的健康状况非常好，心情也极为舒畅，没

有什么压力，分娩也是足月顺产。

首先，他们的出牙过程十分顺利，乳牙长得很整齐，后来长出的恒牙也长得很好，疏密适中，从而为智齿的生长留出了足够的空间，而且他们没有蛀牙。这样，他们的饮食就很有规律，胃口也特别好，不怎么挑食。

因此，他们的身体也十分健壮，身材匀称，对环境变化的适应能力很强，不会患流行性感冒等疾病。他们笑的时候比哭的时候多得多，而且很少有极端的情绪反应现象，天生一副好脾气，乐于为别人服务，因而人见人爱，有许多朋友。他们反应灵敏，行动起来很有条理，接受新事物很快，学习能力强。

在他们的整个成长过程中，都是非常平稳顺利的。不管是在哪个阶段，不管是在哪个方面，他都能按部就班地、正常地向前发展。

❖ 第二等级——比较健康

处在第二等级的孩子虽然也很不错，但是相比较而言，还是比第一等级孩子落后一点。同时，他们偶尔也会有生病过敏、情绪低落的时候，不过到了三个月大以后，他们的状态就会渐趋平稳了。

伴随着长牙的疼痛，他们还有可能会发烧，但并不是多么严重的事。他们在饮食方面会有自己的意见，特别喜欢吃一些东西，比如甜食。但是也能够劝说他们吃些不怎么对胃口的食物，总体上，不是太偏食。他们的身体发育也不错，但到了冬季，或许容易受到咽炎的侵袭。他哭闹的时间比欢笑的时间要短，情绪还算稳定。他们和小伙伴的关系很好，懂得与人合作；当然，若有竞争的时候，且以他们的失败告终，他们也不会恼羞成怒。

他们的整个发展状况还是比较令人满意的，即使偶尔有一点小波澜，但也总能平稳顺利地度过。

❖ 第三等级——先天不足，体质差

这个等级的孩子就开始让人有些担忧了。母亲们在孕育他们时常有反胃、呕吐等不良反应，而他们出生后也一直是麻烦不断，吃奶和换奶都不怎么顺利，而且这病那病的，汤药不断。他常常把一家人弄得焦头烂额、顾此失彼。

这类孩子往往在饮食方面很挑嘴，不容易妥协。他们的体质也因此更差，长得纤细瘦弱不说，免疫力还很差，一有天气变换准会患病。他们的脾气也不小，一旦和家人分离，一场大哭大闹是免不了的。一点鸡毛蒜皮的小事也会让他们大发雷霆。如果父母能够有耐心地调教，或许能缓解他们的焦躁。

他们在成长的每一个新阶段都会遭遇不小的困难，少不了让家长们费心。

❖ 第四等级——被病痛折磨

被归入这一等级的孩子更为不幸，健康状况一落千丈，陪伴他们最多的可能是各种各样重症的药片。

长期的病痛折磨不仅使他们的身体状况非常糟糕，而且也使他们的心理状况受到极大的影响，表现为郁郁寡欢，不喜欢与人接触，或者与人接触的方式极不正常，经常与人发生冲突。但是有些这个等级的孩子在智能等方面的表现，还是可以和第一等级和第二等级的孩子相媲美的。

❖ 第五等级——疾病缠身

最后这个等级的孩子是最可怜的。因为他们终年疾病缠身，甚至干脆就是畸形儿，健康状况差到了极点，必须经常有人来照顾他们才行。因此，他们智能的发展也受到很大程度的影响。

即使最为高明的医生，也对他们束手无策。而我们虽然极欲给予他们援手，但是却也无能为力，无法扭转这些不利局面。

他们的发展状况可以说是最为不利的，甚至终其一生也不会得到什么发展。

对于处在第一等级的孩子，自然没有什么好说的。但是，对于处在下面几个等级的孩子，史密斯博士给出了他的建议。他认为，对于第二等级和第三等级的孩子，可以通过他们的饮食结构，提高他们的营养状况和健康程度，进而改善他们的性格和行为取向。至于处在最后两个等级的孩子，就不能有什么奢望了，在接受现实的基础上，对他们进行最好的治疗和照顾才是最为现实的。

通过史密斯博士的健康等级说，我们可以在很大程度上破除"营养无用论"的荒谬论调，从而清醒地认识到营养对健康的重要性。经常能为孩子提供合理的营养搭配，不仅可以提高孩子的健康等级，增强其身体免疫力，预防各种疾病，而且还可以改善孩子的性格和行为取向，构建更为和谐的亲子关系。

3. 不同性别孩子的不同表现

近年来、很多人注意到性别因素在一个人性格形成的过程中，起着极为关键的作用。他们提出造成男孩与女孩行为差异的主要原因，是我们对两性的性别角色要求不同。换句话说就是，因为我们在培养男孩和女孩时的期望不同，这就使得男孩和女孩有了不同的表现。

❖ 性别角色期待

确实如此，对于男孩，我们的社会期望可能更多的是希望他能活泼强二，做一个堂堂正正的男子汉；而对于女孩，我们的社会期望可能更多的是希望她温柔娴静，做一个规规矩矩的女孩子。这些不同的性别角色期望自然会对男孩和女孩的行为产生不同的影响。

有些家长朋友曾经表示，当孩子长到一岁半时，一个女孩要比同年龄的男孩显得特别容易带。这可能就是女孩将我们平时对她们性别角色的期望内化的结果。女孩子渐渐有了女孩子的样子，平时就比男孩子安分；即使是遇到不顺心的事，发起脾气来，威力也比男孩子要小得多。

有些家长朋友也会抱怨，当孩子长到一岁半时，女孩也有比男孩子难带的时候。因为她们渐渐有了自我意识，穿衣服要穿鲜艳漂亮的，梳头发要梳精致美观的，相比之下，男孩子就没有那么多的要求。这也可能就是女孩将我们平时对她们性别角色的期望内化的结果。女孩子开始爱美了，要整天打扮得漂漂亮亮的。

上面说的是我们对男孩和女孩不同性别角色期望的问题，下面我们再来看看男孩和女孩身体发育状况的问题。

事实上，多项科学研究表明，除了极个别情况外，男孩一般比女孩在各方面发育都要迟缓。所以，如果当你发现，隔壁家一岁半大的小女孩已经口齿伶俐、能说会道，而你与之同龄的儿子还只是会说一些简单的词汇，诸如"爸爸""妈妈""猫猫""狗狗"，千万别失望，这是正常现象。

如果当你发现，隔壁家一岁半大的小女孩已经非常听话，可以自己独立进食，而你与之同龄的儿子还是整天跟你胡搅蛮缠，让你追着喂饭，千万别愤怒，这也是正常现象。

由此看来，前文所述的一些极端行为表现，更可能发生在一岁半的男孩身上。

❖ 亲子关系

此外，我们还要强调一点：因为每个孩子具有自身的独特性，这就导致了每一对母子关系（或父子关系）的独特性。诚如儿科专家贝瑞·布拉兹尔顿博士（Dr. Berry Brazelton）所言："没有一对母子或是父子之间的关系不是独一无二的。"

有些亲子关系显得特别融洽，因为父母亲和他们的孩子特别投缘；而有些亲子关系则显得特别不搭调，因为父母亲和孩子都看对方不怎么顺眼。当然，这两种属于极端情况，大多数还是处于两者之间。但万一你和你的孩子刚好是其中的一种情况，千万别以为你自己就是个称职或者不称职的父母，同时也别反过来认为自己生了一个特别乖或者不乖的孩子。

我们这里要说的是，当孩子长到一岁半这个特别敏感的阶段时，因为孩子发展的不稳定性，常常容易导致亲子关系也发生相应的变化。之前特别乖巧的孩子此时可能不那么听话了，之前非常融洽的亲子关系此时也可能变得紧张起来了。对此，各位家长朋友要做好心理准备，不要一出问题，就开始自责或者责怪孩子。

❖ 给父母的提醒

虽然我们都知道在孩子成长的过程中，会交替出现发展的稳定期和不稳定期这个规律（如第028页图一所示），但是，要把握每个孩子的行为中心线并不容易。下面就为各位家长朋友们介绍一下孩子行为中心线的问题。

孩子在整个发展过程中，其行为表现会有一条中心线，从中心线所在的位置往往可以看出孩子一生的行为状况。

如图一所示，这个小孩行为的中心线就是属于较为偏右的那种类型，在他的一生中，其行为都倾向于良好稳定，不会出现太大的偏差。如果你恰好有这样一个孩子，可能你就不用在他的成长过程中费太大心思。

但是如果恰好相反，这个孩子的行为中心线属于较为偏左的那种类型，那么，终其一生，其行为都趋于混乱波动，而且矫正起来也比较困难。如果你恰好有这样一个孩子，可能你就要在孩子的培养上花些心思了。

在以上部分，我们虽然为各位家长朋友提供了包括体形分类说、健康等级说以及性别差异说三种分类法，来帮助家长朋友们了解自己的孩子，但是，切忌以偏概全，简单地把孩子归入某一类。请各位家长朋友永远要相信，自己的孩子是独一无二的、无可替代的。同时，还要对孩子的这种独一无二的特性保持真正接纳和欣赏的态度。

著名的儿童心理学家柯尔博士（Dr. Herb H. Kier）在论述孩子的教育问题时，曾经指出：

"在教育孩子方面，我们不能将他们简单地相互比较，进而排出一个高下顺序，说明哪一个更聪明，哪一个更愚蠢，因为这些都是毫无意义的。我们所要做的是把每一个孩子都当成一个宝贵的个案，以客观、接纳的眼光，去欣赏每一个孩子的独特之处，这样才会产生意义。

"但是每个孩子的独特之处，不一定是一眼就能发现的，有的孩子要花很长的时间，才会慢慢显出他的个性，因此我们要学会耐心观察。同时，孩子在成长过程中也会发生一些变化，有的原本的独特之处，可能会随着他的发展而消失，有些独特之处又会随着他的发展而逐渐显现出来。

"然而，每个孩子可爱而独特的一面都会在父母的关爱中慢慢显露出来。到这时，我们对他的尊重和关爱已经通过与他平等的接触、交流，深入到了他的内心，从而也会引发他以同样的尊重和关怀来回应我们。"

总之一句话，深入发掘孩子最美好的一面，给予他全身心的关爱，并让他了解到我们对他的关爱，这是每一个家长朋友最应该做的。而且，也只有这样，才能使每一个孩子——无论禀赋、性情如何——都能获得最好的发展。

9
Chapter

你是否也遇到过这些麻烦?
——源自妈妈们的
真实故事

　　孩子们在成长过程中会表现出一定的规律和特点，很多孩子会在同一时间出现同样的让妈妈们棘手的问题。为了帮助妈妈们解决这些问题，我们特意挑选了一些有代表性的读者来信进行分析，希望对读者有用。

1. 孩子不喜欢吃东西，怎么办？

 读者来信

　　我的儿子叫艾瑞，现在他已经一岁三个月了。他是个很健康很乐观的孩子，不过，他一直对吃饭不感兴趣。除非我让他玩玩具，他才会一边玩儿一边吃，不然他绝对不肯老老实实地坐下来吃饭。也许正是因为这样，一直到现在他还没有表示出要自己学习吃饭。以前我尝试着用汤匙代替玩具给他玩，希望这样可以刺激他自己学习吃饭，可是他却拿着汤匙不停地敲打，要不就把汤匙来回翻转。除非我再给他玩具让他玩，他才会重新吃饭。

　　他特别喜欢喝牛奶，尤其喜欢自己用手捧着奶瓶慢慢喝。一般我会拿奶瓶喂他，每天白天他小睡之前，他大约要喝一百二十毫升；晚上睡觉前差不多要喝一百四十毫升；夜里十一点钟前后我会再喂他喝一瓶奶，偶尔半夜三点钟他还会再喝一次。此外，他还喜欢罐装的婴儿食品，其他的他就什么都不肯吃了。

　　我想知道，他一直这样，是不是我哪些地方做得不对？

 专家建议

　　通过你在信中的叙述，我们不觉得有什么问题值得你如此心神不宁。像他这么大的男孩儿，有这些现象是非常常见的。相对于"吃"来说，"玩"对他更重要。只要他肯吃你喂的食物，你就没必要担心。

　　我们觉得，夜里三点钟还要给已经过了一岁的孩子喂奶，确实有点不妥。也许你该帮他改掉这个习惯，并且不要再使用奶瓶。一旦他忘记了他有奶瓶，就会关注其他的食物了。

2. 晚上被孩子吵得无法睡觉，怎么办？

 读者来信

　　我有一个一岁三个月大的女儿美琪。最近几个月，她每天夜里都会醒来，有时是一次，最多的时候是四次。每次半夜醒来，她总是哭闹不止，吵得一家人无法睡觉。我也试过不去哄她，心想等她哭够了自己就不哭了，可是，那次她居然哭了一个小时，直到我给她喂水她才罢休。这真的糟糕透了，我们全家都因为她半夜哭闹而痛苦不堪，心神疲惫。

我的大女儿美湘今年三岁，她和美琪睡同一间屋子，可是她总能安稳地睡到早上。由于美琪半夜哭闹，我每天夜里都不能安心睡觉。为此，我最近瘦了很多，每天清晨起床后，我感觉跟前一天同样疲惫。更让人担心的是，每天经受这种煎熬，我开始变得急躁，喜怒无常，经常因为一些小事责骂孩子。一直以来，美湘都非常乖巧顺从，可是最近我常常无故伤害她幼小的自尊心。

美琪时常任性地纠缠着姐姐，美湘总是大方地送给她她想要的东西。然而，每次美湘刚一靠近美琪，美琪就立即拿手里的东西丢她、抓住她的头发不放，要不就打她。近来，我看到美湘有时会悄悄走到美琪背后，用力将她推倒，然后坐在她身上。我其实并不想责怪美湘，但是我必须教育她，防止她们姐妹俩再继续伤害对方。

我感觉自己快要崩溃了，一向乖巧的美湘变得牢骚满腹，常常噘着小嘴表示不满。看到她的这种变化，我觉得非常难过。由于美琪的哭闹，我不得不把大部分精力用在照顾她上，而忽视了美湘的感受。我应该怎么做才可以安抚美琪的不稳定情绪呢？

 专家建议

　　我想你自己也明白，由于你的两个女儿生活得太近了才会导致这些问题的产生。假如能够把她们分开来照顾，结果也许会好一些。

　　一岁三个月大的孩子常常会有半夜醒来哭闹的现象。有些小孩半夜睡醒，不用父母安抚，自己就会沉沉睡去。可是，大多数孩子都是在父母亲的照顾下，才能再次入睡。还有一些孩子无论大人怎么哄，就是无法安静下来。因此，你还是比较幸运的，最起码只要你给她水喝，她就会停止哭闹。

　　我们建议你这样做：只要你听到美琪醒了，就马上到她身边，拿水给她喝，然后陪她一会儿。假如她想玩奶瓶里的水，你可以抱她到浴室里玩水。你越早让她停止哭闹，她就能越快地安静下来。这样，她半夜哭闹的情形也会慢慢变少。

为了能够度过这段煎熬的日子，白天你要抓住机会补充睡眠。假如你的两个孩子午睡的时间一致，那么你要抓紧时间在那段时间休息。也许，你可以请个保姆来照顾其中一个孩子，这样当两个孩子再起争执的时候，你就可以同时照顾她们了。

很多父母认为，如果孩子一哭就马上过去抱他、哄他，会让孩子养成黏人任性的毛病，所以当孩子哭闹时，他们装作没有看到。其实，每当孩子成长到一个新阶段，就会有不同的需求。几个月以后，你就会惊喜地发现，孩子半夜惊醒的情况已经好转。耐心地期待吧！

3. 孩子特别不愿意洗澡，让我抓狂

 读者来信

此时我正怀着无比忧虑、困惑的心情给您写这封信，由于我儿子的问题，我心里非常担心。另外，我的心里也觉得很愧疚。我和我先生原本打算再要一个小孩，可是，最近我感觉自己无法做一个合格的妈妈，因此我觉得，或许我没有资格再生一个孩子。

我的儿子名叫理德，现在正好一岁三个月大，他长得非常健康，也很正常。一直以来，我都为儿子温和的性情而心感骄傲，可是近来我儿子的情况发生了一些变化。

大概从两个月前开始，他突然变得不肯洗澡。他第一次表现出不想洗澡时，我并没有在意，心想过两天他就不会记得这事了。可是事情并没有像我预料的那样。从那以后，每当我给他洗澡时，他都会不停地哭闹、踢打，我得花费很多力气，才能给他洗完。从那以后，凡是跟水和毛巾有关联的事，他都要在我的强迫下进行。

不久前我尝试一个多礼拜不给他洗澡，我想缓冲一段时间，没准儿他就不记得这事了。然而，他一个多礼拜没有洗澡，不仅我感觉难受，理德也出了问题。他的皮肤非常敏感，长期不洗澡都起了过敏反应。他每次吃东西，都会弄得头上和脸上都是，让人觉得很不舒服。所以，我常常会用毛巾给他擦拭干净。可是他只要见到我手里拿着毛巾，就马上拼命尖叫，似乎我要宰杀他一般。说实话，我真的非常生气，真想杀了他。

我也尝试过其他的方法，比如让他坐在厨房的操作台上玩耍，我用海绵轻轻擦拭他；或者拿玩具给他，以分散他的注意力。然而，这不并奏效，他仍然尖叫，我被气得不得不打他、骂他（我感觉很惭愧，其实我一直都看不起责骂孩子的母亲，更别说是打孩子了，可是我自己就在做这样的事）。现在我一点儿办法也没有。过些日子，我们就会搬到新的地方居住，您觉得换个新环境，对孩子的这种情况有益还是有害？

 ## 专家建议

很多母亲在孩子这么大时都会有跟你同样的困扰。不过，许多不肯洗澡的孩子，在改变洗澡的方式之后，他们都会慢慢接受。比如，让他在洗澡盆边坐着洗澡，或者坐在厨房操作台上用海绵轻轻擦拭。不过，显然你的儿子并不吃这一套。

我们现在只能祈盼，换个新环境或许会让事情有所好转。可是，假如问题仍然得不到解决的话，或许你要考虑给他洗澡时找人来帮忙了。无论是谁来给他洗澡，都要非常小心，绝不能用简单直接的方法。要这样：悄悄拿着毛巾，从后面走近他，慢慢从擦拭他的后脑勺开始。这时，一定要让他把注意力放在某个活动上，让他无法顾及有人给他"洗澡"这件事。碰到这种情况，一般"爸爸"是最合适的人选。有一位母亲曾这样说过："一旦孩子表现出惧怕洗澡或者不愿洗澡的信号，孩子的爸爸立刻会来代替我给他们洗澡。我先生先到浴室在水缸里放好水，然后自己坐到里面去，这时他问孩子要不要坐在爸爸的膝盖上。试想，有哪个小孩会拒绝呢？在这样一个安稳的支柱上坐着，当然没什么好怕的。不用多久，孩子自己就开始尽情地在水里玩耍了。邻居李太太家也常常用这个办法来解决小孩洗澡的问题。她会拿几样玩具给小孩玩，让他开心地在水里玩。孩子只顾着舀水、倒水，根本不会注意到有人弄湿了他的头发，或者别人正帮他洗澡。"

仅仅因为儿子不肯洗澡就让你放弃了再生一个孩子的想法，这是我们不想看到的。这件事并不能说明你无法做个好妈妈，事实上，这个挫折只是暂时的，并且它很快就会得到解决。很多时候，当孩子的情绪达到谷底以后，就会慢慢好起来！

4. 孩子不断扔抓到的东西是怎么回事？

 读者来信

　　请您务必帮我渡过难关，我儿子快把我弄崩溃了。我的儿子目前一岁三个月大，平时不管他拿到什么，总是会扔掉。最麻烦的是吃饭，他会把杯子、汤匙、碗统统扔出去。要是我手里拿着汤匙和碗，他就会把我手里的汤匙和碗打翻，弄得碗里的东西洒落一地。我想您肯定能想象出那时的情形：淘气的他，愤怒的我，以及饭厅的狼藉。

我尝试过这种办法，每当他开始扔盘扔碗，我就马上将他从餐椅上抱到地上，并且不给他食物吃。虽然下一顿他会狼吞虎咽地吃饭，可是这并不能让他改掉丢东西的坏习惯。今天早上，他把整杯的牛奶打翻了，我很生气，还在他手心打了几下。不过，我真的很心疼。

我要怎么做呢？虽然我查阅了一些关于幼儿心理的书，也绞尽脑汁想找到一个完美的解决方法，不过，我始终没有找到一个满意的答案，所以您一定得帮助我。

 ## 专家建议

一般一岁三个月的孩子有这样的行为很正常。通常情况下，孩子扔东西的行为会在正常的成长过程中逐渐消失。

孩子有时会做出让人生气的举动，一般父母大都会立即制止。可是，假如父母能够同时明白孩子的这种行为不仅是短时段的，而且是孩子在这个年龄段独有的特征，这样就能心平气和一点。

很多孩子在"一岁三个月"这个阶段会达到丢东西的高

峰期。通常不管他拿到什么，都会扔出去。尽管让他玩玩具可以让他老老实实地坐在餐椅上吃饭，可是，也许他并不喜欢这种方式。他真正想要的是，每当他将东西扔出去，然后你帮他捡回来。

解决孩子吃饭上的问题，确实是非常麻烦的事，不过也不至于无法解决。最重要的是，你不要让他接触到任何餐具，你拿着餐具喂他，并且动作要快，不让他有机会接触到你手里的东西。同时，你每次在碗里只放一点食物，这样他就无机可乘了。

你最好可以空出一只手，来按住他乱动的双手（假如你能多长一只手，那事情就容易多了），如果他很过分地把食物扔出去，你就暂时不要喂他东西吃。

从你的信中可以看出，你的儿子应该是一个很健康、很有胃口的小宝贝。我们觉得，他应该无法忍受饥饿，因此不能叫他长时间不吃东西。此外，我们认为，你可以让孩子吃点干的、能够用手拿着吃的东西。这样，他最起码会先吃一点儿，然后才会把东西丢掉。

5. 孩子喜欢咬人、打人，怎么办？

 读者来信

　　我儿子杰瑞出生以后就非常好带。慢慢地，他长成了一个强壮可爱的小家伙，他亲切、开朗而且很幽默。他每天都很开心、很有精神的样子。不过，有一点让我很伤脑筋，他经常来到我身旁，突然用力咬我的大腿一口。每当我疼得大叫时，他却认为这样很有趣，总是高兴得大笑。还有他每次吻了我们以后，常常朝我们的脸上打巴掌，当然他这样做同样觉得开心（尽管有几次他打我是因为他生气了）。

　　每当他咬我、打我以后，我都会打他的手心作为惩罚。我这样做，是想告诉他这样是错误的。尽管我的处罚可以让他暂时停止咬人的毛病，可是，不用多久，他又会继续这样做。我想知道，除了打他，是不是还有其他办法可以改掉他的坏毛病？我非常苦恼，要是他跟别的孩子一起玩时，也会咬人，怎么办？

 专家建议

　　小孩在长牙的时候就会有咬人的毛病，长牙早的孩子更容易这样。一般只需几个月这种毛病就会自然消失的。至于有些小孩为什么会继续咬人，有些小孩却会自己戒掉这种毛病，我们也没有答案。

　　也许你应该留意一下：通常他会在什么情况下咬人？这样你就会发现，孩子的这种行为一般是在一天里一些特定的时刻发生的，例如他很累，急切地想要睡觉时，或者很多人看着他的时候，或者他突然承受了过多的外界刺激时。

　　孩子在一岁三个月到一岁九个月这段时间里，你要多宽容他。认真想想，是不是你的要求有些严格？这个阶段，对他来说是一个很难度过的时期，你要适当多给他一点自己的空间。这么大的孩子会表现得比实际更成熟，也更有能力。所以，我们经常被表象蒙蔽，继而对他做出过多的要求。

我们这旦没有立即根除孩子咬人毛病的药方。不过，你可以试试这个办法：每次他咬人之后，你立即把他单独关在屋子里三到十分钟。经过几次这样的教训，他就明白咬人是错误的。要是他咬小伙伴，你同样把他单独隔离几分钟。这个办法应该可以使他明白，不可以咬人。

6. 孩子喜欢乱碰东西，
   我该体罚他吗？

 读者来信

　　我唯一的儿子艾亚如今一岁三个月大。从三个月前开始，他就已经可以自己走路，因此也时常会去碰那些他不能碰的东西。我也明白小孩都爱乱拿东西玩，只是我的问题有点特别——我的家人跟一些朋友都认为，如果孩子乱碰东西就要打。我觉得不能忽视大家的建议，并且为了证明我没有溺爱孩子，我真的打了艾亚。可是，我觉得很难过。我一向反对对孩子实行体罚，而且不论是我打他还是大声呵斥他，他一直没有改掉乱碰东西的坏毛病。请您给我指引，告诉我该怎么办？

 ## 专家建议

你反对对孩子实行体罚的想法是正确的，父母不应打骂孩子。

父母要尽量宽容孩子的幼稚和无法自制时的表现。一般而言，有现代教育背景的妈妈，总是从爱和关怀的角度出发，按照当今提倡的育儿方法来教育孩子。不过，她们又时时受到思想守旧、认为只有打孩子才是爱孩子的家人和朋友的压力。面对两种不同的教育理念，的确非常矛盾，不知该如何选择。

当然，如果你同意的话，你可以把孩子像动物一样来训练——乱碰不该碰的物品就用棍棒打他。不过，这种办法对孩子来讲，不仅很残忍，也真的没什么作用。我们跟你的想法一样，认为一岁三个月大的孩子乱碰东西是正常的。就算他再长大一些，也不一定能够分清什么东西该碰，什么东西不该碰。所以，尽量将孩子不能碰的东西放在孩子接触不到的地方，或者不要让孩子到存放危险物品的地方。这种办法才是明智而合理的。

假如他要碰玻璃杯、热火炉、烟灰缸这类危险的东西，我们当然要严厉地警告他："不可以。"但一定要记得不要把太多"不可以碰"的物品放在那里。

除了把家里的物品放置在合适的地方外，也可以在放有危险东西的地方装上护栏，不让他靠近。另外，可以减少带他去亲友家的次数，不要让一些守旧的亲友见到他乱碰东西，否则他们又要让你打孩子。如果有主张打孩子的亲友来你家，你可以哄孩子去睡觉，也可以找个临时保姆来带他出去玩儿。

我们明白，在朋友、亲戚和长辈的面前，你要违背他们的意愿，是一件很难为情的事。只是，你是孩子的母亲，你有选择教育孩子的方式的权利。假如你愿意选择"不打骂"的方式，你无须担心，因为有很多权威的理论在背后支持你。

7. 孩子刁钻难缠又容易受挫折，怎么办？

 读者来信

　　我们的儿子一直以来都是我们的开心果，他是一个很讨人喜欢的可爱的孩子。可是，现在却有了一些变化，他现在总是忙忙碌碌的，像一只无头的苍蝇。不但他自己忙，还把我们指挥得手脚不闲。他总是有提不完的要求，对我们还总是挑剔，好像我们做的永远不对、不好，永远达不到他的要求。不管他提出的是什么要求，都要我们"现在、马上"就满足他，一点商量的余地都没有，他从来都不知道体谅别人。

　　每当这种时候，我们总会妥协让步。他不迁就我们，我们只好迁就他。每当他提出一些要求时，我们绝不能说"不行"，只能说"好吧"。为了他的安全，我们把一些易碎或者他不适合拿的东西都藏起来，放在了较高的地方。现在，我们担心，这样一切都以他的意志为转移，让他越来越不懂得忍让和迁就，也不知道危险，时间长了该怎么办呀？不仅如此，他还经受不住挫折。为了怕他受到挫折，我们万事都以他为中心。我们担心，这样他以后不能面对挫折，更不能承受失败的打击。这该怎么办才好呢？

 专家建议

　　从你的来信可以看出，你并不是很了解一个一岁半孩子的典型行为，但看得出你对孩子的性格偏执很体谅。而且你对孩子的迁就不是盲目的，是有计划的。从这里可以看出你并不是溺爱孩子，是在尊重他的天性。

　　如果这时你对孩子盲目妥协，一味顺从，那就错了。不过，你不是那样，你很明白自己在做什么，也知道为什么要这么做，那么，别担心，你的孩子不会出现大的问题。当他想拿一些不适合他拿的东西的时候，你明确告诉他"不行""不可以"。之后，你给他一些适合他拿的东西，那么，你做得很好，你从他的立场出发，体谅了他的真正需要。

这就好像是你带他坐火车，他要在车厢走道跑来跑去，你在确保安全的情况下，也可以让他"自由"一次。事实上，你不用担心，他不会得寸进尺。这时候你会发现，他不会毫无尺度地离你越来越远，而是在合适的距离马上返回，跑回到你的身边。这无形中就锻炼了他的一种新的运动技能：做一百八十度的急速转身。

针对目前的这种情况，你只能接受孩子的这种"任性"和"刁蛮"，你能做的就是适度的"顺从"。不过不用担心，再过几个月，随着孩子年龄的增长，成熟度也会增强。到了那时，你就可以使用其他的教育方式，比如严格一点的管教方式。很多父母都遇到了和你一样的麻烦，所以，你放心，孩子的这种情况很正常。

8. 一岁半的孩子
真的不能接受管教吗?

 读者来信

　　虽然我努力克制自己不去看你的"幼儿专栏信箱"里的文章,可是,偶尔不经意间,还是会看上一眼。你文章里的观点我不能接受。你告诉年轻的妈妈们,"一岁半的孩子是不能接受管教的",我看了很生气。我感觉你在误导这些无知的妈妈们,毫无主见的她们被你这些危言耸听的论点吓坏了,只能被你的谬论牵着走。

　　我认为你专栏里每天的文章都是在胡说八道,

你对孩子行为的论点让我反感至极。你把孩子的不良行为总是说成"正常现象"，你不明是非，不分对错，为孩子调皮找借口，为懒惰妈妈不管教孩子找托词。

古人云"人之初，性本善"。人生下来是没有不良行为的，至于一些坏习惯，那都是后天纵容娇惯的结果。如果家长能好好管教，我相信世界上是没有坏孩子的。我认为，一些对孩子疏于管理的妈妈，才是真正的罪魁祸首。

 专家建议

针对一岁半的孩子，我们还要再讲讲管教问题吗？一岁半的孩子对管教与训练是可以接受的，这是毋庸置疑的。而我们之所以反复强调"孩子的有些表现是正常现象"，只是想让你省点事，走个捷径。只有当你明白"孩子这些不成熟的表现都是必然的"这个道理以后，你才会感到带孩子不再是艰难的，而是很顺手的。

一般一岁半的孩子，在正常情况下，是不会在意大人对他的指令的，如："到我这儿来。"如果不是他正好要往这边走，他不会如你所愿的。因为这个年龄段的孩子，意识行为只受行动左右。如果你想让他过来，你可以干脆把他抱起，或者拿个玩具把他吸引过来。

但这并不是说，一岁半的孩子就可以无拘无束，无法无天。这只是说明这段时间孩子一般无法接受语言的影响。也就是说，你应该用其他更适合他的办法来与他沟通，这样才会起到良好的效果。这是你尊重孩子的表现，并不是让你放任他为所欲为。

现在，人们对孩子的教育越来越重视，也有越来越多的人开始学习关于孩子教育的知识。大家已经意识到在孩子成长的过程中，会有一些阶段表现极不稳定，会有好多反常过激的表现。这就需要家长付出更多的耐心和爱心，去谅解他，宽容他，从而帮他渡过难关。我们也相信，不合适的教育方法会造就一个偏执、任性的孩子。

9. 为孩子变动家中摆设，对不对？

 读者来信

　　我的两个儿子都很可爱，一个一岁半，一个只有四个月大。

　　乔治是我的大儿子，是一个好动的孩子。从他十个月大学会走路起，就总是拿这拿那，一刻也不肯停息。没有办法，为了安全起见，我只能把茶几上以及他能拿到的东西统统拿走。不然的话，就会不断听到我"别拿这个""不许那样"的喊声。可是，即使这样，家里还是有一些东西是无法移动的。所以，我还是要每时每刻地盯着他。在家还好，一旦出门，到了别人家里，一不注意，他就会惹出小乱子。这让我感到很发愁，甚至不敢带他出门做客。

可我有很多朋友，他们家也有这么大的孩子，他们却都不像我这样。他们在家里训练孩子哪些是不可以拿的。这样，他们既不用为了孩子收起家中摆设，也不会担心在外做客时惹出麻烦。

请告诉我，我把东西拿开的方法对不对？是我的孩子这方面就不如别的孩子呢，还是等过了这段时间，他自己就会变成一个乖乖的小宝贝呢？

 专家建议

你这种做法很好。对于孩子，尤其是本性就特别乖巧的孩子，我们可以适当训练他不乱碰东西。但这项工作一般都很辛苦，往往是母子都感觉很吃力，而且也只能获得部分成功。

研究表明，一岁半的孩子通过训练，是可以做到不去碰某一两样绝对不能碰又不能移开的东西的。但是，让他把所有的东西都分辨出来哪些可以碰，哪些不可以碰，是很困难的。因为毕竟他的分辨能力有限，而且就算他能分得清楚，也很容易发生危险。

如果你家里有两岁以下的孩子，为了安全起见，我们还是希望你把孩子不能拿的、不适合拿的东西移开，不要让孩子随便接触到这些东西。

当然，我们的朋友家不可能为了我们的孩子也这样做。可是，由于一岁半的小孩自制力很差，那就需要你一定要时刻注意他，最好是有个人专门看护，这样才比较安全。或者你干脆别带他出去做客，这样也能省去好多麻烦。

孩子各有各的天性，谁和谁也不完全相同。他们有的好动，有的好静。有的孩子你不用训练，他也不乱拿东西，这样的孩子你会比较省心。但他们表现的差异性一般都和后天训练无关，是天性使然。

等到孩子稍微大一点，到了一岁九个月到两岁的时候，他的自制力就会好很多，而且也开始理解大人所说的"不可以"，这时，你可以试着提高一点对孩子的要求。但是，你的要求一定不要太高，别对孩子有过高的期望值。

10. 正面管教一定对吗？

  我很赞成你"把精致物品拿起来，不要让孩子拿到"的建议，同时，我也想把我的一点看法说出来，交流一下。

  我的儿子现在一岁八个月大。平时，我们对他的教育都采取正面的形式。我们从不打他，也从不对他说"不可以"。比如他对我的衣柜抽屉很感兴趣，总喜欢打开。我就告诉他："滔，关上抽屉。"而不是用否定语句说："滔，不能打开抽屉。"有的时候，他会打开公寓的大门，我就会告诉他："滔，

194

关上门。"而不是说："滔，你不可以把门打开。"当
他把桌子上的东西拿走，或者不小心把一些东西碰
倒的时候，我也是用这样的语气来和他说话："滔，
希望你把东西放回桌上！"我不会这样对他说：
"滔，你怎么可以碰那个盘子，那会摔破的。"或者
是："这个烟灰缸是不可以拿的！"

我这样做，让儿子一直都感觉自己做的都是
对的，如同在玩某种小游戏。这样一来，到现在
为止，他还没有损坏过任何东西。当然，在他七
个月大的时候，我们就将所有他不该拿的东西都
收了起来，这样他就不会看到更不会拿到。等到
他一岁五个月了，当我们重新把这些东西拿出来
摆好的时候，只要我们告诉他这些不能碰，他都
能很好地理解并做到。

当然，有的时候，他也会对某件危险易碎的
东西极感兴趣。这时候，我从不呵斥和打骂他，
而是用另一件有趣的玩具吸引开他的注意力。除
此之外，我还在通往客厅、厨房的入口安上矮门，
这样，可以让儿子无拘无束地在各个房间出入玩
耍，我也能自己清闲一会儿，不用跟着他。对孩

子，我还时时记得奖励他。当孩子做得很好的时候，我会夸奖他："小滔，你好棒呀！"我从来不会乱奖励，以免让孩子不知道到底怎么办才好，无所适从。

 专家建议

首先谢谢你对我们的支持和信任。可以看出，在教育孩子方面，你是一个成功的妈妈。这对于你和滔，都是一件值得骄傲的事。在托儿所里，也有一些保姆，她们做得和你一样好。

从你的来信可以看出，滔是一个性格温顺的孩子。你的方法很适合他，但并不一定对所有的孩子都有效。可以肯定，你对孩子正面教育的方式很好，我们也很提倡。不过，要让所有的妈妈都采用这种方式也是不太可能的。其实，有的时候，你果断地对孩子说"不"，也是很有必要的。你装在客厅、厨房的矮门，就像是一个"不可以"的标志，这样的表示方式，让孩子更容易接受。对大多数的孩子来说，大人否定的语气会比肯定的语气更起作用。细心的你一定记得，滔在一岁到一岁半的时候，是先学会说"不要"，才学会说"好""行"的，对不对？

11. 孩子过分好动，
怎么办？

 读者来信

　　没结婚的时候，我是一名小学教师。每天，我都会精神焕发地去上班，以最好的状态去面对每一个孩子。我喜欢孩子，曾经幻想将来自己要生五个孩子。可是，随着女儿越来越大，现在一岁半的她早熟，特别好动。我不得不每天跟着她，在屋子里转来转去，每天累得晕头转向。我已经没有了以前的想法，一个孩子都这样，可不敢要五个孩子了。

专家建议

　　看出来了，你这个妈妈当得好辛苦。不过，还有好多妈妈也和你一样，也在受苦受难呢。对于大多数孩子来说，一岁半到四岁，都是让家长头疼难缠的年龄。

　　像你女儿这么大的小孩子，似乎很清楚大人在他们身上花了多少心思。一旦大人的视线从他身上移走，他马上就会来缠住你。因此，你恐怕很难改变你女儿的性格。我可以给你提个建议，为了缓解你的压力，减轻你的负担，你可以想办法让别人带孩子半天甚至一整天，你自己偷闲好好休息一下。可以和你的先生说一下你的处境，争取他的理解，或许他可以帮你带一天；也可以请个保姆来帮你一下。

　　虽然带一个这样的孩子，你会感到很累。但没有办法改变，你只能坚持。就如同你怀孕的时候一样，是你不得不忍受的。别给自己太大压力，也许你以后生的孩子性格温顺，会让你很省心呢，这也是说不准的。

12. 儿子不肯用杯子喝牛奶，
　　怎么办？

 读者来信

　　我有一个一岁半的小儿子，他其他方面都很不错，就是喝牛奶的时候不肯用杯子。

　　大约在两个月前，他一下子不再用奶瓶喝东西了，我就改用杯子喂他。可是，他一边摇头拒绝，一边把杯子推开。后来，我开始有意识地把东西倒在杯子里给他喝，比如在每天固定喝奶的时间，或者在他应该喝水的时候，把果汁或者白开水倒在杯子里。可是，他就是不喝，好像对杯子很排斥。我真不知道怎么办好了。

除了这点以外，我的这个儿子还有一个特点，那就是不喜欢自己拿东西吃，哪怕是他最喜欢的饼干也一样。但是，他会偶尔把手指头放进嘴里。如果在给他喂饭的时候，不小心有食物掉在桌子或者椅子上，他会把东西推到地上，或者捡起来扔了。我想问一问，有没有好的办法可以提起他自己吃饭的兴趣呢？

还有，在吃混合在一起的几种食物或者较粗糙的食物时，他很容易出现作呕的现象。该怎么克服他的这个毛病呢？

 专家建议

对于一岁半的孩子，不肯用奶瓶或者杯子喝奶，这是很常见的情况。你不用担心，过一段时间，他会接受牛奶的。当孩子离开家的时候，会愿意喝在家里不喜欢喝的东西。你可以利用这一点，在出门的时候，给他带上一杯牛奶。同时，你还可以利用倒饮料的游戏来激起他对杯子的兴趣。你可以在他的小水壶里装上四分之一杯分量的饮料，然后让他自己将饮料倒入杯中。一般他会很高兴做这个游戏。等他倒好以后，你可以告诉他，只要喝完了杯中的饮料，你就可以重新再倒了。

每个孩子反应能力的发展是不同的。你的儿子可能由于手口配合的能力有点弱，不属于那种可以早早开始自己进食的孩子。这样的例子也有很多。曾经有个已经三岁半的孩子，却还在吃婴儿食品，因为他吃不下固体食物。他的妈妈为了解决这个问题，就让他来喂一岁大的小妹妹东西吃，来锻炼他手口的反应能力。后来，他学会了把食物放进自己的嘴里，最终可以自己吃饭了。

针对你的儿子目前不肯用杯子或是奶瓶喝东西这种情况，你可以做成食物布丁，或者把牛奶放进汤里喂给他。用肉松、饼干，烤或酥酥的吐司，相信也是不错的办法。相信不久之后，你的儿子就能学会自己吃东西了。面对这样的孩子，你要明白一点，他的能力是有限的，让他顺其自然地发展，很快就能看到很好的效果。

13. 孩子不肯吃肉和蔬菜，
怎么办?

 读者来信

　　我的小孙女——莉莉现在一岁五个月大。由于
我的媳妇最近要生孩子，所以，莉莉将在我这里住
一段时间。莉莉吃饭的习惯很不好，从来不肯吃肉
和蔬菜。这种情况已经持续好几个月了，长期下
去，我担心她的健康会出现问题。每天的早餐和
晚餐，她都吃得很好。她的早餐是麦片粥、香蕉、
牛奶和橘子汁；晚餐时她吃吐司、饼干和花生酱
面包，还有一些水果和牛奶。可她就对肉和蔬菜

不感兴趣。不久，她就要来我这里了，我能用有
什么方法让她肯吃肉和蔬菜呢？

 专家建议

是的，孩子总有一天得学会吃肉和蔬菜。但我们要讲一
下方法。如果你一味地让她吃，估计结果是适得其反的。

对此，你可以采用循序渐进的方法。比如说蔬菜，你
可以先从简单、容易接受的蔬菜开始，让她练习吃。比如给
她红萝卜条，或者其他可以用手拿着吃的蔬菜。刚开始接触
肉，你要给她吃一些质地柔软的肉。我建议你在设计她的午
餐时，要和其他两餐基本一样，只是把一点点新鲜的蔬菜或
者肉加进去，慢慢地让她适应。

不过，你别指望能在短时间内改变她的饮食习惯。万事
开头难，只要她开始接受蔬菜和肉，那就是好事，就为以后
打好了基础。

14. 孩子喜欢黏人，
     怎么办？

 读者来信

　　我的女儿劳拉现在一岁半了。每次我们带她到外面做客的时候，她总是表现出焦虑不安的样子，还不愿意和生人说话，一直要我抱着才可以。每次我出门不在家时，她一旦发现我没在家里，总是不停地喊妈妈，即便有熟悉的保姆照顾也不行。

　　我一直想，如果以后我不带她出去做客，情况是不是会好一点？她这样的表现，是不是和我有直接的关系？因为我感觉自己是一个过分紧张并且带孩子没有经验还缺乏自信的母亲。还有一点，她有睡前喝牛奶的习惯，我是应该阻止她呢，还是让她自己改变这个习惯？

 ## 专家建议

如果你的女儿特别依赖你，不喜欢出门和生人打交道，总是喜欢黏着你，让你寸步不离地在她身边，这确实很让人头疼。

面对这样的一个孩子，我的建议是你最好接受这个事实，然后按着孩子的心性来。因为孩子之所以会这么强烈地依赖母亲，表示她缺乏安全感，认为只有在妈妈的身边才是安全的。所以，你要做的就是给女儿最大的安全感，不要做让她感觉不安全的事，比如出门做客。

你可以带她去一个她最熟悉的家庭玩儿，这样慢慢地，她可能就接受了去别人家里玩这件事。为了锻炼她，当你在家里但不在她身边的时候，你要经常叫叫她，让她感觉你一直都在家里，没有离开。你确实要出门的时候，不妨偷偷地溜走，办完事再偷偷地回来，可能在这个过程中她一点都不知道呢。

我感觉，劳拉的表现和你的教育方式可能有关系。不过，你别担心，劳拉这样缠你的时间不会很久，慢慢你就可以重获自由了。只是这需要一个过程，万事顺其自然，千万不能太着急了。

对于她睡前喝牛奶的习惯，我们认为，这没有什么不好。等到两岁以后，也许孩子会自己把这个习惯改了。不过，对于劳拉这样依赖性很强的孩子，她对奶瓶的依赖可能和对你的依赖一样。随着孩子年龄的增长，她对不同层面的依赖性都会显现出来，你也会遇到更多新的问题。孩子的依赖性，既反映了她的性格，也是她对周围环境最直接的反应方式。随着年龄的增长，她在某一个发展阶段获得满足感后，才会迎来人生新的发展阶段。

15. 孩子半夜哭闹不停，怎么办？

 读者来信

　　我迫切希望得到你的帮助。我一岁半的儿子瑞奇，简直让人受不了了。在他还不到一岁的时候，他得了疝气。自从过完一周岁生日，他几乎每天晚上都一连哭好几个小时；他不睡，我们也就不能睡。

　　为了让他安静下来，我用尽了办法。有时，喂他一瓶奶以后，他就不再哭了。可这种办法只能偶尔奏效。他这样哭，不但扰得家人无法休息，就是邻居也会被他吵醒。

晚上睡不好，到了第二天，瑞奇通常会脾气暴躁，动不动就大喊大叫。为了解决这个问题，我曾尝试让他晚点睡觉，希望这样可以缓解一下，不过，这个方法基本无效。长时间的劳累，我一听到他的哭声，头就发炸，我快要受不了了。快来救救我吧！

 ## 专家建议

的确，面对一个半夜哭闹的孩子，家长都会头疼的。其实，对一岁半的孩子来说，这不是特别的现象。

你说曾经试用喝牛奶的办法，偶尔可以让他安静下来。不知道你有没有试过玩玩水的方法呢？你可以在浴室的脸盆里放上水，他可能很喜欢玩水这个游戏呢。这个游戏对好多孩子都有效。

你还可以让他吃点东西，这样也很有帮助。你把一些水分不多的水果给他，让他自己拿着吃。如果这些办法都不奏效，建议你带他看看儿科医生，看看孩子晚上哭闹和白天的饮食有没有联系。

　　还有一点，就是你可以适当增加瑞奇白天的活动量。这样白天他玩累了，晚上可能会早早就睡了。如果条件允许，你可以让保姆白天带他玩，你趁机好好休息一下，以免把自己累坏了。

　　关于孩子晚上哭闹的问题，大家有两种不同的说法。一种认为，不管他怎么哭，怎么闹，你只要别理他，他自己会自然停下来，不可能无休止地哭下去。这种方法适合于那些生性比较随和的孩子。如果遇到像瑞奇这样性格倔强的孩子，恐怕你就应该用相反的办法，尽快和他沟通，也许他就会止住哭闹。

　　当然，如果你想尽了各种办法都没有效果，那就只能坚持到等孩子长大后，自己消除这个烦人的毛病吧。

16. 孩子认床睡觉，
   怎么办？

 读者来信

　　我的儿子一岁半了，他有一个很怪的毛病，睡觉的时候只能在他的小床上才睡得安稳。

　　昨天，我带他到一个朋友家玩。因为白天一整天都在玩，到了傍晚的时候，他困得已经睁不开眼睛。我抱着他把他放到朋友小女儿的床上。没想到，我刚放下他准备离开的时候，他大声尖叫起来，哭了足足有半个小时才睡着，可是只睡了半个小时就醒了；要是在自己家里，他一般要睡两个小时的。

他睡醒后，就一直让我抱着。他爸爸和别的朋友都说应该让孩子自己坐在娃娃餐椅上，让他自己拿着饼干吃。可是，别说吃饼干，他根本就不从我身上下来，只是让我抱着。

大家都说孩子让我宠坏了，还说如果孩子真的困了，那就让他回到小床上去睡觉。可我真的不敢再把孩子放回到刚才的恐惧中去。刚刚的那场惊吓他可能无法接受，我不能再让他重复一次。看到他那么惧怕在陌生的地方睡觉，我真害怕让他换个地方睡觉，他会在极端恐惧后筋疲力尽地睡去。我丈夫说是我把儿子养成了个胆小鬼，他担心这样下去，儿子长大了以后，会是一个万事需要妈妈帮忙的没出息的人。

 专家建议

看了你的来信，感觉你儿子的问题的确很难解决。不过，对于你儿子的个性，你是非常清楚的。他确实是个很敏感的孩子。这种性格的孩子睡觉真的认床，不敢在别的地方睡觉。不过，我们要明白，随着时间的推移，年龄的增长，他会慢慢地成熟，进而慢慢适应环境的改变。只是这需要一个过程，你不能着急。你可以这样训练他：请一个保姆来代替你照顾他睡觉（你先亲自哄他上床睡觉，等他进入梦乡以后，再留下保姆照顾他）。这样，他应该比较容易接受。

你做得很对，你完全是在顺应孩子的心理发展需求，而不是对孩子的溺爱。这个年龄段的孩子，有这种情况也是正常的。

17. 孩子喜欢摇晃小床，怎么办？

 读者来信

　　我们全家都很喜欢我的儿子汤姆，他是一个身体健康并且各方面发展都正常的孩子。

　　我的问题是，他特别喜欢摇晃婴儿床。为了防止他摇床，我在四个床脚下都放了橡皮垫，可他竟然出乎意料地把床换了个位置。他的这种爱好己经影响了我们正常的生活。半夜的时候，他的摇床声常常会把全家吵醒。虽然我明确告诉他不可以摇床，甚至还为了这个打过他几次，可是，只要有机会，他就开始重复摇床的动作。我不知道该怎么办才能改掉他这个坏毛病。他每天这样做已经打扰了和他一个房间的姐姐的正常休息。

除此之外，汤姆还喜欢吮大拇指。另外，还有一点也让人无法接受，那就是无论走到哪，他都要拖着一条毛毯。开始的时候，我以为这样能够带给他一定的安全感而让他改掉摇床的坏毛病，可事实并不是这样的。

 专家建议

已经好久没有人写信咨询这样的事了。关于孩子摇床的问题，我们还是那句话："你如果想阻止这种行为的发生，在我看来，是很困难的。"

"摇动小床"这种现象在孩子的婴儿时期非常普遍。随着年龄的增长，到了两岁，大多数孩子就基本不会再有这种行为了。也有一些孩子会晚一些，一般是到两岁半甚至三岁半时才会戒除这种行为。我建议你现在要想办法吸引开孩子摇床的兴趣，还有就是尽量减少摇床发出的噪声。你还可以试试把小床的每一个螺丝再加固一下，然后在四个床脚下垫些东西，还可以在小床下铺一块厚厚的地毯。相信这样一来，他摇动小床就不会那么容易了。

你还可以白天让他多运动，晚上让他多玩一会儿，晚睡一会儿，以消耗他的体力。

你说他还有吮大拇指和拖毛毯的习惯，并且认为这种习惯能带给他安全感而让他不再摇床。其实，孩子怎样才感觉足够安全，我们大人是无法搞清楚的。到底他需要怎样才觉得安全，只有汤姆自己明白吧！

不过照目前的情况来看，他的小姐姐并没有把弟弟摇动小床的事放在心上，所以你不必为他的姐姐担心。

研究表明，喜欢摇床的孩子大多数都有一定的音乐细胞，所以你可以有意识地在音乐方面熏陶他，比如可以让他听听音乐。

你儿子现在的这种情况，估计要一两年后才会消失，希望你耐心地坚持。

18. 孩子一岁半了，
该不该训练他大小便？

 读者来信

　　我有一个一岁半的女儿彭妮，我想这个时候可以着手对她进行大小便的训练了。可是，事实告诉我，可能是我错了。

　　现在，她已经明白一点大小便的意思了。所以只有在床上的时候，我才给她用尿布，其他的时候则训练她坐在小马桶上大小便。可是，她经常随便在地板上大小便，然后才会很得意地跑来告诉我，真没有办法。

　　虽然每次我都耐心地告诉她不应该随处大小便，并且还带她到小马桶那里，告诉她正确的方法，可收效甚微。我的先生认为女儿还小，不应该这么早训练这些。为了这个，我们两个闹矛盾。我认为即便是我不对，他也不应该当着孩子的面说我。可他一直说我不切实际地要求孩子，高估了孩子的理解能力。

 专家建议

　　我认为你先生的做法是对的，是你对孩子要求高了。彭妮只有一岁半，这样的表现是很正常的。她不但知道自己制造了地上的粪便，还知道跑来告诉你，说明她已经很不简单了，你应该为她骄傲。要想让彭妮自己在马桶上大小便，至少要经历两个阶段：一、当她正在大小便时，很清楚地知道自己"正在大小便"；二、她有"我想要大小便"的意识。

　　彭妮还需要一段时间才可以做到上面两点。两岁的孩子训练大小便都有点早，是你有点太着急了。还是继续给她用尿布吧，这样她就不会在屋子里随意大小便，而给你增添一些不必要的麻烦了。如果尿布湿了，她就会告诉你。这时，你应该适时夸奖她："真是妈妈的好女儿，尿布湿了知道告诉妈妈了。"

19. 孩子只黏爸爸，
    会不会影响他的性别取向？

 读者来信

　　我的儿子派瑞克一岁半了，他和别的小孩不一样，只喜欢和爸爸玩。

　　派瑞克是一个十分害羞怕见生人的孩子。从他很小的时候起，每当孩子感到害怕的时候，他的爸爸总会把他抱到一个单独的房间，然后静静地、温柔地和他说说话，安慰他。后来，他就很依恋爸爸。到了现在，如果我先生去上班了，他就跟我玩得很好。可是，只要爸爸一回家，他就不要妈妈了。在他的心里，好像爸爸是他最亲的人，他喜欢爸爸陪他，照顾他。

我现在担心的是，如果他这样一直依恋着爸爸，缠着爸爸，会不会长大后变成一个同性恋者呢？如果不会有这种影响，那我也就放心了。

 专家建议

你的来信告诉我，对儿子较喜欢爸爸，你心里有点难过。这很容易理解。我们每个人都愿意成为孩子心里分量最重的一个，何况他是你十月怀胎生下的孩子呢。事实上，你的儿子并不是冷落你，更没有排斥你，只是更喜欢爸爸一点。如果爸爸不在家，你依然是他心里最最重要的一个，所以，你是一个好妈妈。

至于孩子现在喜欢父亲，会不会对未来产生不好的心理影响，这点你大可以放心，我可以肯定地告诉你：不会的！其实，你应该感到高兴。有那么多的妈妈都在为孩子每天缠着自己而烦恼，如果她们也有一个你这样的令人羡慕的先生，不知道她们会多么高兴呢。

我要告诉你，你是一个幸福的妈妈。你的儿子将来会是一个正常的人，你放心吧。

20. 孩子爱看电视，
   怎么办？

 读者来信

　　我想知道，电视节目对幼儿的性格发展是不是有影响呢？我有一个一岁半的儿子。他性格开朗活泼，是一个人见人爱的孩子。在他还是婴儿的时候，我习惯一边给他喂奶，一边看电视。我很注意，一般不看有暴力情节的节目。虽然这样，电视嘈杂的声音好像还是影响了他。四个月前，我开始注意到儿子喜欢看电视，到了现在，他已经离不开电视了。

　　他对打斗和紧张的电视镜头好像很感兴趣，每次一出现这样的镜头，他都看得很入迷。他开始在生活中使用一些电视里的暴力词，我担心这样下去，会不会影响到他的正常生活呢？

　　现在，他越来越喜欢看电视，喝奶的时候也离不开电视。这时候，如果你抱他离开，他会很生气地大吵大闹。而且，晚上他也要看电视。没有办法，我们就让他看大约十五分钟的电视节目。可是，那个时间段大多是情感和暴力的打斗镜头。不知道是受了电视里暴力打斗的影响还是其他的原因，他在不高兴的时候，就会摔东西甚至打人。我很担心，他的这种行为正常吗？和电视有没有关系？

 ## 专家建议

　　可以看出，你儿子太早进入了"电视阶段"。当同龄孩子只是欣赏电视上的变动画面的时候，他却已经过早地超过了这个阶段。他对电视节目内容开始理解，有了自己的喜恶。针对他目前的情形，建议你最好尽量缩短他看电视的时间。还有就是，挑选一些适合他这个年龄段孩子看的电视节目给他看。

很明显，电视对你儿子的吸引力很大。如果想让他在吵闹的时候安静下来，看电视似乎是一个不错的办法。但我建议你，宁可让孩子哭闹，也要把电视关上。你可以用一般父母哄孩子的办法来抚慰孩子，不能再依赖电视。或者，在你看电视的时候，把声音开得很低，不要打扰孩子的休息。这样，也许可以慢慢降低电视对孩子的吸引力。

我们研究发现，现在幼儿看电视的问题已经相当严重，而原因大多在父母身上。是父母喜欢看电视，不愿意为了孩子放弃喜欢看的电视节目，造成了孩子对电视的依赖和痴迷。那么，电视对幼儿的影响到底有多大有多深，到现在为止，还没有人能真正了解。现在电视已经是人们日常生活中离不开的家用电器，但是，对于一个一岁半的小孩子，父母应该格外重视，可别让电视对孩子造成不可挽回的负面影响。

21. 与难缠的孩子相处，
该处处让步吗？

 **读者来信**

  我的女儿贝琪现在正好一岁九个月大，我为她真是没少费心思。

  我之前是一名小学教师，所以，我很了解小孩子的各种行为。然而我却慢慢发现，过去教育孩子的那些经验用在我女儿身上并不奏效。庆幸的是，保姆会来帮我照看女儿。但保姆一周来两天，剩下那五天，我就得像她的奴婢一样，寸步不离地照顾她，甚至都没有看报纸的时间。直到她一岁四个月左右，这种情况才有所好转。

她不愿意出门，总是喜欢在家里玩。如果我带她出去和其他小朋友一起玩，她就会吓得又哭又闹，还紧紧地抓住我的衣角不放。最糟糕的是喂她吃饭，那简直就像一场艰难的持久战，因为她完全不肯好好吃饭。不过，她的毛毯有时能够让她的情绪稳定下来；但她会一直拎着它，还会去啃它。

她的医生告诉我应该改变这种对她百依百顺的态度，不能做出太多让步。可我到底要怎么做呢？

 专家建议

通常你会发现，孩子到了一岁九个月大的时候，他的需求要比一岁半的时候更多、更强烈，但他的语言表达能力却并没有明显提高。换句话说，孩子在这样一个时期，也会相应地感觉到吃力。这个阶段，你最好不要对她提出太多的要求，必要时，可以做出让步；同时，你还可以尝试站在她的角度去猜测她想要什么，从而来满足她的需求。现在来矫正她还为时过早，等到她两岁左右的时候，自然就不会这样缠人了。那时对她讲道理，她也比较容易接受。

如果她确实不愿意出门，那就不要勉强她了。至于吃的方面，倘若强迫她去吃她不爱吃的食物，只会适得其反。要知道，某些情况下，孩子不愿意吃某样食物，很可能是因为这种食物的颜色、味道或是嚼感不符合他的要求；也有可能是因为他不喜欢你给他用的汤匙、围兜或是碟子等。也就是说，只有每一样东西都符合他的要求，他才会乖乖吃东西。因此，你一定要更耐心更细心地去观察，真正搞清楚贝琪需要什么以及不喜欢什么。

一个月后，我们再次收到了这位母亲的来信：

真的不敢相信！我女儿的情况有了很大的变化。按照您所说的，我意识到了贝琪的处境，并以轻松积极的心情来面对她。我还发现，贝琪和保姆在一起比和我在一起要融洽得多，这个保姆带贝琪确实很有办法，这样，我请保姆一周来一天。

外出时的情况也有所好转，我不再刻意要求她跟其他小朋友一起玩，多数时候我会让她坐在娃娃车里。在吃饭的问题上，我也做出了改变，我会让她自己来选择喜欢的汤匙、碗和围兜，有时候还会让她自己来选择要吃哪一种麦片粥。您说得很对，父母需要拿出更多的勇气和耐心来教育孩子。我想我还有很多地方需要学习和改进，但我正在朝这个方向一点点地努力。

22. 如果孩子不愿接受
大小便训练，怎么办？

 读者来信

　　此时此刻我真的很绝望，并且急需您的帮助。

　　我看过很多关于孩子"大小便训练"的文章，上面大都指出，过早地训练孩子大小便多半是徒劳的，而且还会消磨母亲的志气。所以，直到两个月前，我才开始正式训练女儿大小便。其实在此之前，如果我在给她换尿片时发现尿片是干的，便会让她坐在小马桶上，有意使她慢慢熟悉这件事。而且有几次，她真的坐在小马桶上小便了，每当这个时候，我就会好好地夸奖她一番。然而到她一岁半左右，应该正式做一些规律性的大小便训练的时候，问题也来了。

当我让她坐在小马桶上大小便时，她怎么都不肯配合，而且我知道，她是故意的。一旦等我帮她把裤子穿好，不一会儿她就会把裤子尿湿。为此我绞尽脑汁，尝试了很多方法：假装毫不在乎，不生气地责骂她，甚至亲自做示范给她看……然而无论如何都不奏效。

其实女儿非常聪明，而且各个方面都表现得很出色。她学东西很快，十个月大的时候就会走路了，之后不久便开始学说话（也正因为如此，看到她不愿意接受大小便训练，我心里非常失望）。早知道她还没有做好接受训练的准备，我想我就会晚些再行动。可是现在已经对她开始训练，不知道是否应该暂时停止，如果一会儿训练，一会儿又停止，我怕会使她更加困惑。

我真的很希望能用恰当的方法来养育女儿，然而现在，我完全失去了信心，到底如何做才是"对"的呢？此前我也向小儿科医师请教过这个问题，但他一直很忙，而且看上去似乎不太愿意和我讨论这一类的问题。

如果我能用恰当的方法再次对女儿做训练，我想她一定能学会。

 ## 专家建议

这位妈妈，失意只是暂时的，千万不能泄气。

其实，你的女儿已经接近于训练成功了。因为如果一个孩子能够乖乖地在小马桶上坐一段时间，但却不尿，起来后穿好裤子或者包好尿片又尿出来，这就说明他差不多可以自己控制大小便了。

你要接着训练她，或是暂时停下来，这都可以。但考虑到继续训练会使她产生反抗心理，而且也会给你带来很大困扰，所以，我们还是建议你暂时停止训练。现在训练你的女儿可能有些早，你可以等几个月后再重新开始训练她。一般来讲，孩子两岁左右，或者再大一些的时候，便可以开始训练大小便了，最后大多会获得成功。

23. 孩子晚上睡不安稳，
　　怎么办？

 读者来信

　　我们的宝贝美琳，来到这个世界已经一年八个月了。可从那次夏日度假回家开始，她就必须让我握着她的小手才肯睡觉。直到她安静地入睡了，我才可以轻轻离去。然而，糟糕的是，每晚她还会一次次惊醒。无奈，我只能再继续陪她，重新哄她入睡，甚至还会抱着她来到我的床上一起睡。

　　宝贝自打出生以来，一直没有离开家人自己

睡过。我们度假那段时间，一直是奶奶陪她度过每一个夜晚。我想来想去，总觉得她没什么理由害怕和忧虑，可是为什么自从我们度假回来以后，她变得那么烦躁不安呢？

为此，我试着用各种办法哄她入睡，有时我把她放到她的小床上，给她脱了衣服盖好被子，心想她应该快睡着了，我就悄悄离开了。可没多久，我就听到了她哇哇的哭声。有时，她哭得都要吐了，我不忍心离开，只好再多陪她一会儿。因为她吃得不多，所以，必须保证她能好好睡觉。

我想，有没有更合理的办法让她不再害怕，可以自己一个人入睡。把我的床搬到孩子的房间，整晚地陪着她，这样是不是会好一点呢？还有就是，美琳从不单独一个人玩，旁边必须有别人陪着才行，否则她就会哭闹个不停。

 ## 专家建议

睡觉不安稳的状况，很多孩子在一岁九个月时常会出现。问题的出现可能和环境的变化有关。如果没有离家远行，一直在家的话，也许她会像以前一样安静地睡一晚上。但是，我们一出远门，她的睡眠问题就来了。现实已如此，我们只能积极应对。或许，美琳本来就很依赖别人。奶奶陪她睡的经历，让她对这种美好的感觉更是依恋。

短时间里要美琳回到她一个人独睡的状态，那会很难，所以，你一定要有耐力。不过，美琳在慢慢长大，你可以用食物来转移她的注意力，或者在她的房间里放一盏别致的小灯，这样都能让她安睡。现在的关键问题是，你要明白谁可以胜任哄她入睡的重任。因为从现在的情况来看，她最需要有一个人陪她（不一定是在她的小床上），她才能睡得比较安稳。

如果你想和美琳睡在一起，那状况则会越来越差。因为这样会使孩子独睡的习惯更加难以养成。因此，千万别想和她一起睡，更不要移床到她的房间。最有希望的办法，是在她身旁坐下来陪她，等她睡着。

也许，爸爸哄孩子入睡的效果比妈妈还要好，没准还能改善美琳的睡眠状况。随着时间的推移，美琳的睡眠问题迟早会解决的。

24. 孩子不肯单独睡，怎么办？

 读者来信

  我有一个一岁九个月大的女儿，名叫特蕾西。那是一周前的一天，风雨交加，很多亲戚朋友来我家吃饭。我想，特蕾西到睡觉时间了，便对她说："宝贝，脱衣服睡觉了！"伴随着我的晚安声，我拉上了她的房门。可我离开不过几分钟，就传来了她的哭声："妈妈，妈妈！"我急忙跑过去，"怎么了，特蕾西？""风，妈妈。""哦，是风婆婆啊，没什么可怕的！"说完我就走了。

没想到，她闹得越来越厉害。我先把她带到客厅，和大家一起玩了大约半个小时，随后我再次送她去睡觉，但却敞着门，我想这样可能会好一点。可哭声照旧，我只好让她重新回到我们中间，直到客人们都散去。

从那个晚上以后，她每晚睡觉都要人陪，只要一感觉到我要离开，就害怕地说："不行，不行！"接着便是号啕大哭。无论午休还是晚上睡觉，如果没有我或者她爸爸在她身边，她绝不上床。深夜，她时常惊醒啼哭；白天只要一听到风声，她就会慌忙地跑到爸妈身边。

 ## 专家建议

自然界的风雨让很多孩子都心存恐惧，特别是两岁左右的孩子。当然，并不是大部分孩子都会出现这种状况。但是，特蕾西因害怕无法入睡，已经成为一件让你头疼的事情了。

一岁九个月的孩子正面临着入睡困难的问题，而那个风雨交加的夜晚，特蕾西又不得不面对众多陌生的面孔，这对她的挑战实在是太大了。但是，你无须自责，因为任何人都不可能保证孩子每时每刻都不受伤害。特别是一些对外界刺激反应很大的孩子，这种事是不可避免的。

特蕾西现在的状况很难在短时间得到改观，最快也需要三个月，同时，情况还可能会反复。有时，她好像好多了，但不知什么原因，一点点刺激，又让她旧况重现。

所以，你现在只能尽力去鼓励她，给她以最大的呵护，避免再次使她受到惊吓。在上床睡觉这件事上，你的谅解和支持，对她是非常重要的。可以试着让她爸爸送她上床睡觉，也许他比你做得更好。尝试过不同的方法之后，你就会发现最合适的一种。

你还可以读一些有趣的故事给她听，或者找一些有关风雨的图片、书籍给她看，并告诉她，风雨只不过是一些常见的自然现象，也许这样她会慢慢消除内心的恐惧。

另外还要特别注意的是，特蕾西对外界事物的反应非常敏感，任何剧烈的刺激都很容易影响和干扰她。所以，即使风雨不再使特蕾西害怕，但一些特殊的情况也可能让她受到惊吓。因此，在孩子以后的生活中，你一定要不断告诫自己"不能对特蕾西要求过高"，因为她正学着去适应新的环境、新的刺激，你一定要有这样的心理准备。

25. 孩子喜欢咬人，
    怎么办？

 读者来信

有没有办法让孩子改变咬人，并且对人吐口水的恶习？希望能得到您的指点。

我的小孙女名叫莎拉。由于她妈妈上白班，所以照顾莎拉的重任就落在了我的身上。这个可爱的娃娃一岁九个月了，很让人爱怜。但她的咬人行为，真是让人无法接受。她经常像尾巴一样黏在我身后，稍不注意，她就会抱着我的大腿咬。起先，我认为这只是她调皮而已，出人意料的是她居然真的咬我一口。我开始骂她，可她咬得更起劲儿了。有时，她还用口水吐我，直到我轻轻打她的小嘴巴，她才停止。当然，我一打她，她会哭闹一番。但她的这个坏习惯仍然改不了，不久之后她就又接着吐我。

没办法，为了制止她这种行为，我在她的舌头上涂了一点胡椒，她被辣得哭闹个不停。此后，她妈妈的手肘也成了她的磨牙对象，一气之下，她妈妈也打了她的小嘴巴。看着她又是鼻涕又是眼泪的，我们心里都不好受。

对她这种不良习惯，我希望您能给我提供一个合理的解决办法。

 ## 专家建议

咬人的行为，发生在一岁九个月的孩子身上，并不奇怪，很多孩子都有这样的习惯。然而，用口水吐别人就不多见了。照此发展下去，她打人、踢人的现象也会出现的。

光靠嘴巴说说，对孩子的做法视而不见，也是不行的。这儿有一个说法，你可以做参照：每个孩子的各种行为，包括他古怪淘气的做法，都是有章可循的。换句话说，孩子的行为会有年龄化的标签。孩子的成长，其行为的控制器官始于头部，并逐渐向下发展。目前，她咬人、吐口水，稍微长大些，还可能用手打，接着就会用脚踢。

爱咬人这一行为很突然，让人防不胜防，因此确实令人很头疼。所以，你要时刻防着她，尤其要少用背对着她。一旦看到她弯腰低头，要马上用手把她的下巴托起。这样做她的舌头可能会受伤，但时间长了，她一咬就咬到自己的舌头，她的咬人行为就会有所收敛。因此，这是一种虽然残忍但却很有效的方法。

还有需要你留心观察孩子的咬人行为，它发生的时间是否特殊。当她饿了累了时，是不是情况会经常发生。如果情况真是这样，那就不难解决了。如果她显得很疲倦，可以让她参与一些轻松、舒缓的活动。同时，你也要在这些特殊时刻加倍注意，以免一不留神被她咬到。如果她常因饥饿咬人，那么，及时给她一些她喜欢的食物可能就是避免她咬人的良药。时间可以让一切改头换面，熬过了这个特殊时期，她咬人的行为必将会成为过去。

随着莎拉一天天长大，我相信，她吐口水的习惯同样也会慢慢消失。让孩子彻底摆脱吐口水的坏习惯确实很困难，你可以尝试着把她隔离十分钟，让她自己独处在没有外界刺激的环境里，然后再还她自由。这种传统的禁闭方法或许会有用。

不管采用哪一种方法，家长表现得过于情绪化，都对孩子非常不利。相比而言，一种平静的心态更能帮她改掉坏习惯。小一点的孩子，你批评他，教训他，有时，他反而认为那是一种奖励；特别是大人的否定反应达到高潮时，孩子会非常开心。你应该让莎拉明白，她的坏习惯不仅让人厌恶，而且她还不会从中得到任何收获。

还有，你可以让莎拉参与一些好玩并且有积极意义的活动，来充实她的空闲时间。由此，她为吸引你的目光而产生的不良行为就会慢慢减少。

26. 孩子喜欢撞人、推人，怎么办？

 读者来信

我的儿子一岁九个月了，名叫泰迪。他对别人的攻击性很强，除非别让他抓住，否则他常常推、撞、咬别的小伙伴。他甚至以此为乐趣，我为此头疼不已。初次咬人，他刚一岁。因为那个时候他刚长牙，我以为这种咬人的行为很正常，所以根本没当回事。可现在他不仅咬别人，更糟糕的是，他还推、撞别人。

他的不良行为在教堂做礼拜时，表现得更加

突出。所以，孩子他爸爸让我减少他在教堂停留的时间。可没想到，在别的地方，比如商店或大街上，他推人、撞人的行为照样出现。

我反过来咬他，打他，都没效果。他这种行为，我实在不能忍受，也不能置之不理，总不能等他咬完人家，再过去和人家说对不起吧！

因为他的叔叔们经常同他玩滚打游戏，他每次都玩得特别高兴。是不是因为这个他才喜欢上了这种暴力行为呢？

 ## 专家建议

你儿子的这种行为对一岁九个月的孩子来说并不怪异。尽可能少让他与别的小伙伴接近，或许这是最佳的疗法。还有就是，孩子年龄比较小，还不适合去教堂。

你用打骂、反咬的方式教训他，不会奏效。很多时候，你必须学会忍耐，毕竟打骂的方式没有多大作用。你提到目前他不怎么咬人了，但推撞他人比较突出。值得庆幸的是，这是他正在成熟的象征。因为推撞人比咬人是相对成熟的表现。也就是说，你的孩子正在慢慢长大，慢慢走向成熟（只是过程长了一些）。

至于他总喜欢和叔叔玩滚打游戏的事，我们认为这是很正常的。因为大男人和小男孩在一起就爱打打闹闹，因为比较刺激，所以很难避免。

你的来信预示着泰迪必将成长为一个调皮爱动的力量型男孩。这并没有什么不好，只是现在的泰迪自控能力较弱，因此要尽量少让他和别的孩子玩耍。让时间慢慢去疗救他的粗暴行为吧！这比其他打骂等方式要好得多。

27. 孩子喜欢摔东西、打人，
   怎么办？

 读者来信

　　我们的孩子是独生子，他一岁九个月了。平时他是个乖孩子，但有一个很不好的习惯，他总是把吃完东西的瓶瓶罐罐或剩余食物扔到地上。为此，我们没少批评他，可他根本不理你。

　　我们并不灰心，一遍遍给他讲道理。也可能是我们经常教育的缘故，有的时候他能把东西拾起来放好。可是，大多数时候他会把捡起的东西扔得远远的，故意和我们唱反调（为此我们经常打他的手作为惩罚）。

对待他的玩具，他也是这样。那些玩具经常被他摔得伤痕累累。他能把十块积木一次摆好，可一旦倒了，他就会把积木扔得到处也是，还表现出一副很得意的样子。

除了爱扔东西之外，他还喜欢打人。无论我们怎样教育他，这一恶习始终改不了。他爸爸常说，孩子这种行为没什么值得惊慌的，只是喜欢和他人闹着玩罢了。但每次他打起人来都很疼，而且他似乎也明白谁也不喜欢让他打，可他还是不管三七二十一，照样很用力地打你。难道是我太小题大做了吗？其实孩子也明白他打人很疼，而且我也多次教导他，可为什么他依然如此？他这是明摆着跟我作对。

另外，我感觉这个孩子感情很淡漠。对照料他的保姆，他从没有亲昵的举动。对我们也一样，他也从来没有对我们有过亲密的举动。哪怕我们求他亲吻一个，都会被他拒绝。你再三请求，实在没办法了，他才抛一个飞吻给你。作为父母，我们对他格外热情。我和我先生感情很好，平时

在家表现得也非常亲密。可就是不知他怎会这么
冷漠，您能帮帮我们吗？

 专家建议

　　不难看出，你们真的没怎么带过孩子，缺乏对孩子品性
的了解。你白天上班，几乎没有多少时间和孩子在一起，这
就导致你夸大了孩子的某些表现。

　　我们先说孩子摔东西的问题。看到孩子乱扔东西，及
时加以劝说是很正常的。可是，喜欢乱扔东西，是大多一
岁七个月至一岁九个月孩子的一个特点。对你的孩子来说，
"拿""给"的概念和行为（再过几个月才能成熟的一种行
为）还没有形成。有一种名为"谢谢"的游戏你可以带他一
起玩——你给他东西时，他要说"谢谢"；他给你东西时，
你也别忘了说"谢谢"。

　　其次，他的性格可能导致了他对别人缺乏热情，比较
冷漠。但是，你应时不时地对他表现得亲近些，抱抱他，亲
亲他，搂搂他。如果他对你不热情，不肯亲你，绝不能勉强
他，不要一个劲儿地求他亲你，那样反而不好。

　　最后说说他为什么爱打你。你要告诉我们，最初你是

怎样对他的，才导致了他现在这种不良行为的发生。他对你的要求，你确信自己真的清楚吗？妈妈不得不去上班，而自己的孩子才一岁九个月，这段时间真的太难熬了。妈妈下班回到家，孩子也会想尽办法，将白天发生的种种事情告诉妈妈。假如母子一整天都在一起经历各种事情，那么你们沟通起来就相当轻松。而你只有晚上才在家陪孩子，所以，孩子的言行你无法透彻理解。如果孩子感到自己的想法没人明白，那他就会想办法发泄，用哭的形式或打别人的方式，抗争到底，直到他的想法被人了解才"结束挑战"。等孩子两岁了，表达得比较流利了，解决这样的难题就很简单了。那时你和孩子的关系，就会融洽很多。

28. 孩子精力太旺盛，怎么办？

 读者来信

在文章中，您给我们介绍了精力旺盛型孩子的突出特点，每读一句话我的心都会震颤，因为我对此感触太深了。您的那篇文章，使我在对待孩子问题上，不得不重新审视自己。让我内疚的是，我干妈是在我们夫妻二人和我弟弟之外，唯一能让我们的孩子听话的人。因为她的孩子也和我们的孩子一样，精力特别旺盛。

其实，我不知道自己是否有能力管好他。因为他顽皮任性，好像总也没有安静的时候。睡觉之前，我们必须把所有的东西收拾好，否则，一旦他醒得比我们早，肯定会把这些东西弄得乱七八糟。有一次，他拿我的口红四处乱画，台灯的灯泡也被他画得面目全非。

只要他在房间里待着，我就得气喘吁吁地紧跟其后，因为他不停地蹦跳着横冲直撞，一刻都停不下来。值得庆幸的是，我们有个庭院，他就在院子里疯狂地跑呀跳呀，甚至还会爬树。我确信，他很快就能学会游泳了，因为他对水一点儿也不知道畏惧。初次见到大海，他高兴地狂喊着奔向海边，还大喊着："妈妈，好多水啊！"

最近，他都不睡午觉了，所以我不得不连续十二个小时不眨眼地看着他的每一个举动。他在庭院里玩的时候，我必须随时盯着看那两层楼高的铁栅栏上是否有他的身影。还有我需要注意他是否摔倒了，即使他知道应该抓着某样东西，能保持身体的稳定，但我还是得一刻不停地盯着他。

因为他的行动速度很快，所以我常常被他折腾得精疲力竭，甚至都没力气给他洗澡了。还有，为了对付他，我都没空做晚饭，真是不知该怎么办了。拜托您能给我指导，教给我怎样教导、应对这种孩子。

专家建议

　　我们认为，教导精力旺盛型孩子最主要的是，爸爸妈妈一定要体谅孩子。可以说，你在这一点上已经做得很好了。孩子不良行为的改观，依靠责骂或体罚只能收到暂时的效果，并且，这两种方式也不是最理想的方式。所以，多给孩子一些机会去发泄多余的精力，是很必要的。

　　有时，你必须装作没听见、没看见，对他的行为置之不理。并且，在他乖巧听话时，要多夸奖他，这是很必要的。因为这样能把他的积极性调动起来，让他以后能持续保持良好的一面。然而，孩子好奇爱动的本性，总能促使他做一些出人意料的事情。

　　因此，作为母亲，要尽可能对他温和慈爱一些，尽力呵护他，让他远离伤害。可以请一位保姆，也可以送他去一所好的幼儿园，这样就有人帮你分担重任了。当孩子大一点儿，知道要有责任心了，事情就会向好的方向发展。这种孩子成年以后，大多数会事业有成，有头脑，有魄力，兢兢业业工作。

　　另外，你必须认识到，任何问题的出现，都可能是多种原因造成的。同时，任何问题也同样有多种解决方法。研究证明，孩子运动量的增多和自制力的减弱，还可能和一些食物的摄入有关。所以，你可以去咨询一下研究营养学的资深儿科医生，或许会有所收获。

29. 孩子的成长让我
　　喜悦和感恩

 读者来信

　　我想很多读者都是来向你倾诉培养孩子的痛楚的。在这里，我却想把自己培育女儿的快乐与甜蜜和你一起分享。如今我的小宝贝已经一岁九个月了，她叫西塞娜。很难想象，没有西塞娜的日子，该是怎样的枯燥无味啊。

　　每一天她都比前一天表现得更成熟，更独立。今天天气很好，我们一起去散步，可她却走在我前面，很认真地带我穿街过巷。虽然摆脱了过去逛街经常坐的娃娃车，自己第一次独立行走，可她居然明白该朝哪里走，我们要去哪里，步伐还非常坚定。我想前几次坐娃娃车外出时，她一定在用心查看周围的环境，路上有什么值得注意的，她已有意识地记在了心里。

目前，她已经知道该怎样转弯，还会背着方向倒着走，由此看来，她走路走得相当好了。

她还会边玩厨具边高兴地陪我做饭，让我感觉很轻松。并且，她是一个喜欢干净整齐的小孩子，无论谁打翻了东西弄一地，她都会坚定地说："你把它清理干净！"当然，她也常常自己清理。小小的她，还会把爸爸随便丢的臭袜子捡起来，放进洗衣盆里等妈妈来洗。简直太可爱了！这些根本不是我教她的，她是真的自己慢慢懂事了。

对自己的着装她也很注意，手镯、项链、漂亮发夹，她都可喜欢了。她噘着小嘴，挤着眼睛，用娇滴滴的口气对爸爸撒娇的模样，令我先生很是陶醉。她不断了解着这个世界，对事物的认识一天天增多。比如，她惊喜地叫着："哦，原来用竹竿就能碰到树叶了！"还有，她再不会去摸那个曾经烫过她的茶壶，反而会小心翼翼地躲着它。她能独自去发现一些新东西，我已经可以大胆放手了，因为我知道她会很小心的。有一次，她正要爬楼梯，"不能爬！"我果断地告诉她。她很听话，没有继续爬，因为她明白，那样会有危险。

我要让她顺其自然地发展下去，不会过多干涉她。看到她每天都在进步，不断长大，还有方方面面的优秀表现，我倍感欣慰的同时，也更加深了对自然发展理念的理解和认同。看到美丽可爱的女儿，我常常感叹造物主的神奇，他居然能把一个如此精妙、完美的生命创造出来。也许我的说法可能比较天真幼稚，但在教育孩子的问题上，让她"顺其自然地成长"的理念，是我永远不变的坚持和追求。

 专家建议

我们已真正地相信，确实如此！

Appendix

附 录

附录一：
给家长的小测验

下面有二十九个判断题，请你在细读本书各章节之后，测试一下，看你能做对几题。

1. 一岁五个月到一岁九个月大的孩子应该能听懂你的话。如果你叫他"过来"，他就该过来；如果没有，他就该接受处罚。（　　）

2. 这个阶段孩子可以集中注意力的时间变长了，所以，在他玩耍或者注视某物时，注意力至少可以维持五分钟。（　　）

3. 对一岁三个月到一岁九个月大的孩子用"语言"进

行策动，并不是最佳的选择；你亲自去拉他或是抱他，才是最有效的办法。　　　　　　　　　　　（　　）

4. 你应该告诉这个阶段的孩子不能乱碰物品，因为他已经到了懂得什么该碰、什么不该碰的年纪了。　（　　）

5. 一岁三个月到一岁九个月的孩子大多只考虑自己玩得高兴，很少会想到要讨好你。　　　　　　（　　）

6. 这个年龄阶段的孩子，肢体动作还是不太精细，还停留在大动作阶段。　　　　　　　　　　　（　　）

7. 遇到挫折就用大哭大闹来宣泄，对于一岁到一岁九个月的孩子来说，是很正常的。　　　　　　（　　）

8 一岁半大的孩子，一般而言，在各个方面都有很稳定的表现。　　　　　　　　　　　　　　　（　　）

9. 一岁半的孩子，总是像在走与你的要求背道而驰的单行道。　　　　　　　　　　　　　　　（　　）

10. 一岁到两岁之间的孩子会很喜欢和其他小孩做游戏。　　　　　　　　　　　　　　　　　（　　）

11. 因为一岁半的孩子很喜欢搬动家具，所以，最好不要把太多能够推动的家具摆在他的卧室里。　（　　）

12. 大部分一岁半到一岁九个月的孩子，已经可以主动向妈妈表达他要大小便的要求了。　　　　（　　）

13. 这个年龄的孩子最喜爱的玩具之一，就是那种可以拉着走的玩具了。 （ ）

14. 不能让一岁九个月的孩子吸吮自己的大拇指。（ ）

15. 一岁半大的孩子，应该有比在婴儿时期大得多的胃口。 （ ）

16. 一岁多的孩子从能够注意到自己在尿布上的大便开始，才真正进入对大小便有概念的阶段。 （ ）

17. 如果一岁到一岁九个月大的孩子不喜欢穿衣服，还喜欢光溜溜地到处乱跑，那么他肯定是出现问题了。（ ）

18. 对一岁大的孩子费尽心力进行教导，比少费精力教导他，更能让他有大的进步。 （ ）

19. 如果你可以多花时间，陪学龄前的孩子玩耍、游戏，会使他的心理和性格发育得更健康。 （ ）

20. 你选择何种方式教养你的孩子，决定了日后你孩子的性情和个性。 （ ）

21. 不管爸爸喜不喜欢照顾孩子，只要妻子叫他去，他就应该心甘情愿地去陪孩子玩。 （ ）

22. 当孩子长到一岁三个月到一岁半之间时，照顾他的工作，就应该比在婴儿时期轻松些了。 （ ）

23. 一岁三个月大的孩子不算小了，你不应该再抱他了。　　　　　　　　　　　　　　（　　）

24. 为了孩子的安全着想，你应该在厨房的出入口装上矮门，以防止他随便闯入。　　　　　（　　）

25. 让一岁三个月到一岁九个月大的孩子坐在娃娃车上，然后由你带着他散步，时间长点的话，会是非常好的休闲方式。　　　　　　　　　　　　（　　）

26. 孩子从一岁九个月起，开始接受严格的大小便训练，这并不太早。　　　　　　　　　（　　）

27. 一岁半到一岁九个月大的孩子，在托儿所或者幼儿园里，跟其他小朋友说话的时间比跟大人说话的时间长。　　　　　　　　　　　　　（　　）

28. 对大多数学龄前幼儿来说，一岁半是反抗性最强的一个时期。　　　　　　　　　　　（　　）

29. 孩子从一岁九个月到两岁，会比较好照顾，家人不会像以前那么累了，日子比较轻松。　　　（　　）

答　案									
1.×	2.×	3.√	4.×	5.√	6.√	7.√	8.×	9.√	10.×
11.√	12.×	13.√	14.×	15.×	16.√	17.√	18.×	19.√	20.×
21.×	22.×	23.×	24.√	25.√	26.×	27.×	28.√	29.√	

附录二：
适合一至两岁孩子的玩具

◇ 铃铛

◇ 彩色积木

◇ 图画

◇ 带有抽屉的小柜子

◇ 玩具碗盘

◇ 橡皮锤子

◇ 音乐盒

◇ 彩色的圆锥体（带大小不一的套环）

◇ 塑胶小水桶、铲子等水沙玩具

◇ 装有几何模型的积木盒

◇ 有盖子的小锅、壶

◇ 推拉型玩具

◇ 摇动木马

◇ 柔软的填充玩偶

◇ 手动摇铃

◇ 大的钟表（表盘大、指针大，伴有清晰的嘀嗒声）

图书在版编目（CIP）数据

你的 1 岁孩子 /（美）路易丝·埃姆斯,（美）弗兰西斯·伊尔克,（美）卡罗尔·哈柏著;崔运帷译. —— 北京:北京联合出版公司,2018.3（2024.6 重印）

ISBN 978-7-5596-1500-8

Ⅰ.①你… Ⅱ.①路… ②弗… ③卡… ④崔… Ⅲ.①儿童教育 - 家庭教育 Ⅳ.① G782

中国版本图书馆 CIP 数据核字（2018）第 005391 号

北京版权局著作权合同登记 图字:01-2017-8580 号

YOUR ONE-YEAR-OLD: THE FUN-LOVING, FUSSY 12-TO 24-MONTH-OLD
BY Louise Bates Ames, Ph.D., Frances L. Ilg, M.D. and Carol Chase Haber, M.A.
Copyright © 1982 by Louise Bates Ames, the Estate of Frances L. Ilg, and Carol
Chase Haber.
This edition arranged with THE BANTAM DELL PUBLISHING GROUP
through BIG APPLE AGENCY, INC., LABUAN, MALAYSIA.
Excerpts from FEED YOUR KIDS RIGHT by Lendon Smith, M.D.
Copyright © 1979 by Lendon Smith, M.D. are reprinted by permission of McGraw-
Hill Book Company
Simplified Chinese edition Copyright © 2012 by Beijing Zito Books Co., Ltd.
All rights reserved.

你的1岁孩子

作　　者	［美］路易丝·埃姆斯
	［美］弗兰西斯·伊尔克　［美］卡罗尔·哈柏
译　　者	崔运帷
责任编辑	李 红 徐 樟
项目策划	紫图图书ZITO®
监　　制	黄 利 万 夏
特约编辑	曹莉丽
营销支持	曹莉丽
装帧设计	紫图图书ZITO®

北京联合出版公司出版
（北京市西城区德外大街 83 号楼 9 层　100088）
艺堂印刷（天津）有限公司印刷　新华书店经销
字数120千字　880毫米×1230毫米　1/32　9.5印张
2018年3月第1版　2024年6月第17次印刷
ISBN 978-7-5596-1500-8
定价:49.90元

紫图 · 汉字课

出版社： 中国致公出版社
定价： 329.00 元（全 5 册）
开本： 16 开
出版日期： 2018 年 5 月

《汉字好好玩》（全 5 册）

有画面、有知识、有故事、有历史的汉字图书。
中央电视台、湖南卫视等多家媒体报道！
学汉三就像在看画，写汉字就像在学画！

　　《汉字好好玩》曾获选为台湾"百年文学好书"，多次参加两岸文博会，被中央电视台、湖南卫视等多家媒体争相报导，并引发代购狂潮。这套书保留了象形文字的精华，延续了汉字原创的精神，展现了"画中有字 字中有画"的汉字精髓，融合了文字学、哲学、美学与创意，以艺术的眼光介绍汉字！

　　作者精选 75 幅主题汉字画，500 多个常用汉字的起源和演变，打破传统一笔一画的汉字学习方式，倡导图像学习汉字的新思维！

出版社： 北京日报出版社
定价： 129 元（全三册）
开本： 16 开
出版日期： 2019 年 5 月

《一笔一画学汉字：1-3》

只要 15 幅汉字画，就能轻松学会 86 个汉字。
从根源认汉字，才是智慧的学习方式。

　　《一笔一画学汉字：1-3》是《汉字好好玩》作者张宏如给孩子的汉字启蒙书，作者原创多幅汉字画作品，打破传统的汉字学习方式，让孩子们从一幅幅汉字画中感受古人造字的精髓，识字就像看画，写字就像右画画。只要一幅汉字画就可以同时达到识字、写字的效果。

出版社： 北京日报出版社
定价： 129 元（全三册）
开本： 16 开
出版日期： 2019 年 1 月

《一笔一画学汉字：4-6》

只要 15 幅汉字画，就能轻松学会 80 个汉字。
从根源认汉字，才是智慧的学习方式。

　　《一笔一画学汉字：4-6》是《汉字好好玩》作者张宏如给孩子的汉字启蒙书，作者原创多幅汉字画作品，打破传统的汉字学习方式，让孩子们从一幅幅汉字画中感受古人造字的精髓，识字就像看画，写字就像在画画。只要一幅汉字画就可以同时达到识字、写字的效果。

紫图·育儿课

《法布尔植物记：手绘珍藏版》（全2册）

因《昆虫记》闻名于世的法布尔又一巨作。

所有植物爱好者不可错过的"植物圣经"。

大自然给您和孩子的邀请信，送给孩子最好的礼物。

　　《法布尔植物记：手绘珍藏版》（全2册）由《昆虫记》作者法布尔耗时10年著成，权威，科学，生动有趣。法布尔用讲故事的形式讲述了植物一生的美丽故事，同时还告诉读者许多人生的智慧，是激发孩子探索世界的最好礼物。为了还原最真实的植物形态，绘者历时2年取景，培育植物，最终精美呈现出300余幅插画。

出版社：北京联合出版公司
定价：99.9元（全两册）
开本：16开
出版日期：2019年8月

《勇敢的小狼》（全6册）

本系列荣获2016/17年英国人民图书奖"最佳童书"奖项、提名2017妈妈选择奖"最佳儿童读物系列"、提名2017英国教育资源奖"最佳教育图书"。

　　《勇敢的小狼》（全6册）由知名童书作家创作，专业童书插画家配图，已授权多个国家和地区。这是一套专为4~7岁孩子创作的绘本，帮助全球孩子化解成长过程中遇到的情绪问题，让家长不再焦虑，让孩子学会管理自己。随书赠送4套情绪卡片。

出版社：北京联合出版公司
定价：199.00元（全6册）
开本：16开
出版日期：2019年6月

《青少年抗焦虑手册》

哈佛大学临床心理学家给孩子的成长课。

　　本书是一本为生活学习中普遍存在焦虑问题的青少年和年轻人提供的心理自助实用手册。孩子在父母或老师的带领下，在家里、学校里或者任何地方都可以拿来学习和使用，消除焦虑，纾解压力。书中针对具体问题设计了启发式问答及练习，帮助读者更好地理解焦虑的根源，养成积极的思维习惯。作者循循善诱，字里行间流露出同情和理解，充分考虑到青少年、年轻读者群的心理特点，融专业实用和趣味阅读于一体，是一本十分难得的心理健康读物。

出版社：现代出版社
定价：42元
开本：32开
出版日期：2017年2月

紫图·育儿课

《开启高敏感孩子的天赋》

高敏感不是缺陷，而是上苍赐予 TA 最特别的礼物。

肯定 TA 的独特，开启他们的天赋，让他们感受更多，想象更多，创造更多。

《开启高敏感孩子的天赋》是高敏感孩子第一临床医生的扛鼎之作，给高敏感孩子家长的 41 个养育·照顾·陪伴的指导。全世界每 5 个人当中就有 1 个人是高敏感族，当这个人是孩子时，就是"高敏感孩子"。高敏感是种与生俱来的气质，它会成为孩子的弱点或是优点，全靠父母的教养方式。

出版社：北京联合出版公司
定价：49.9 元
开本：32 开
出版日期：2019 年 9 月

《赢在未来的"虎刺怕"小孩》

"虎刺怕"（Chutzpah）是犹太人特有的"个性品牌"，代表勇敢、不畏权威、大胆。

马云说："在以色列，我学到了一个词，Chutzpah——挑战传统的勇气。我相信这种精神属于 21 世纪，属于第三次技术革命，属于未来。"

《赢在未来的"虎刺怕"小孩》是一本展现犹太人育儿经验的书，给家有 0~12 岁孩子的你，养出不畏权威、理性对话的"虎刺怕"小孩。小孩哭不停，大人到底该不该介入？孩子不爱念书，怎么办？和小孩讲话不听怎么办？……犹太人育儿经验告诉你，如果想要孩子赢在未来，那么就给予孩子充满安全感、幸福快乐的童年！

出版社：北京日报出版社
定价：49.9 元
开本：32 开
出版日期：2019 年 9 月

《妈妈强大了，孩子才优秀》

央视著名主持人李小萌真心推荐"一本教妈妈的书，胜过一本教孩子的书。"

书中强调了家长要接纳孩子，要了解孩子不同年龄的心理特色，不要进行错位教育，否则大人孩子都累！

本书是儿童教育专家罗玲经多年研究，并结合自身育儿经验的心血之作，不但解决了育儿中的难题，甚至改变了家长在生活中的态度。书中除了给出具体解决诸如孩子胆小、好动、打人、骂人、害羞、逆反、不认错、爱抱怨、爱哭闹等生活中常常让大人焦头烂额的育儿问题的方法外，还从根本上告诉家长要如何才能帮助孩子长成最好的自己，如何引导孩子合理发挥自己的智能。

出版社：江西科学技术出版社
定价：39.9 元
开本：16 开
出版日期：2016 年 1 月

紫图·育儿课

罗大伦《脾虚的孩子不长个、胃口差、爱感冒》

不伤孩子的脾，别伤孩子的心。

从调理脾胃和情绪入手，有效祛除孩子常见病根源。

2018年修订升级版 。

新增当下常见的儿童舌苔剥落成因及调理。

　　一本从调理脾胃和情绪入手，教会家长如何对症调理孩子常见病并祛除疾病根的书。书里介绍的各类调理方法已被无数受益的家长验证有效，只要家长认真按书里介绍的辩证使用即可。由知名中医诊断学博士、中央电视台《百家讲坛》特邀嘉宾罗大伦倾心奉献，帮助家长调理孩子瘦弱、不长个、胃口差、爱发脾气等一系列令人焦心的孩子生理和心理问题。随书赠送：孩子长得高、胃口好、不感冒的特效推拿、食疗方速查速用全彩拉页。

出版社：江西科学技术出版社
定价：49.9元
开本：16开
出版日期：2018年3月

罗大伦《让孩子不发烧、不咳嗽、不积食》

调好孩子脾和肺，从小到大不生病。

指导家长用食疗和心理学方法 对症调理孩子常见病。

2018年修订升级版。

新增怀山药治疗外感使用大全、白萝卜水止咳法。

　　书中把孩子发烧、咳嗽、积食各个阶段的病因和症状讲得通俗、清晰，可以让任何家长都能及时发现孩子身体状况的变化，防患于未然。介绍的调理方法简单、安全，多为食疗及外治法，能提供给家长一系列可操作的解决方案。由知名中医诊断学博士，中央电视台《百家讲坛》特邀嘉宾罗大伦和儿童教育专家、亲子、教育专栏作家罗玲联袂著作，教你快速成为孩子身体和心理上的全方位保护神。随书赠送：孩子常见疾病的每个阶段不同疗法速查速用全彩拉页。

出版社：江西科学技术出版社
定价：49.9元
开本：16开
出版日期：2018年3月

罗大伦《图解儿童舌诊》

知名中医专家、中医诊断学博士罗大伦，根据孩子常见身体问题与不同体质舌象的精准分析，给出了40种对症调理孩子身体的食疗、泡脚、推拿方等。

　　很多孩子生病后，自己也说不清到底是哪里不舒服。作为家长，只要把孩子的舌象看清楚了，就能分析出孩子的问题到底出在了哪里，不仅能在疾病的早期及时给与食疗、推拿等调理的方法，也能在自己无法解决时，将孩子身体状况的准确信息传达给医生，便于医生诊治，从而更好地配合治疗，帮孩子早日恢复健康。

出版社：江西科学技术出版社
定价：69.9元
开本：16开
出版日期：2019年7月